Hoe ontwikkel je een winstgevende handelsstrategie?

Waarom je net het tegenovergestelde moet doen van wat de meeste traders proberen

vertaald vanuit de oorspronkelijke Duitse uitgave

Heikin Ashi Trader

DAO PRESS

Inhoudsopgave

Deel 1: Doe het tegenovergestelde van wat de meeste traders proberen! 3

1. Wat traders kunnen leren van automatische handelssystemen 3
2. Doe het tegenovergestelde van wat in de trading boeken staat 9
   - Stelling 1: Verlies beperken en winst de vrije loop laten 10
   - Stelling 2: probeer een goede kans-risicoverhouding te behalen 13
   - Stelling 3: Je hebt "alleen maar" een slaagkans van 33,33% nodig 14
3. Mik op een hoge slaagkans 19
4. Waarom handelsstrategieën met "goede" KRV's meestal niet succesvol zijn 27
5. Lof van het take profit order 30
6. Lof van de automatische entry 33

Deel 2: Een handelsstrategie met een klein koersdoel ... 36
   - Test 1: De Bund future crossing moving average strategie.. 38
   - Tweede test: E-mini, crossing moving average strategie 50
   - Derde test: E-mini, crossing MA, aangepaste parameters... 57

Besluit 71

Glossarium 73

Andere boeken van Heikin Ashi Trader 79

Over de auteur 85

Colofon 86

Deel 1: Doe het tegenovergestelde van wat de meeste traders proberen!

1. Wat traders kunnen leren van automatische handelssystemen

Traders willen op de beurs alleen maar punten, tics en pips verzamelen. Zo veel en zo snel als mogelijk. Al de rest is tijdverlies en nutteloze analyse. Daarom hebben traders nood aan een methode, een systeem, dat hierin slaagt: permanent kleine winsten ophalen die op eender welk moment oplopen tot een flink positief saldo op de rekening.

Het gaat er dus niet om de financiële markten te analyseren en te proberen de toekomstige koersen te voorspellen. De meeste traders falen daardoor. Ze willen de markt begrijpen. Uit ervaring heb ik geleerd dat je de manier waarop de financiële markten zich gedragen, niet kan begrijpen. Er zijn te veel spelers tegelijk op de markt met elk hun eigen plannen, waardoor de koers willekeurig heen en weer wordt geslingerd.

De eerste stap naar succes op de beurs is dan ook het inzicht dat je als trader het gedrag van de markt niet kan begrijpen. Daardoor kan je dit gedrag ook niet analyseren en al helemaal niet voorspellen. Ik weet echter dat een heel leger aan analisten dit toch steeds weer probeert. Ze bevredigen alleen de publieke behoefte naar verklaringen, of ze nu van fundamentele of technische aard zijn.

Deze verklaringsmodellen kunnen een tijdje functioneren. Maar dan kom je in een fase terecht waar ze meer en meer verlies voortbrengen. Bijgevolg gaat de trader zich natuurlijk gefrustreerd terugtrekken en proberen zijn voorgaande trades te analyseren (alweer!). Of erger nog: hij probeert zijn systeem te optimaliseren.

In het ergste geval gaat hij op zoek naar een nieuwe strategie waarvan hij eindelijk het gewenste resultaat verwacht. Heel veel traders komen in deze vicieuze cirkel terecht op zoek naar de perfecte strategie. Steeds weer zetten ze alle hoop in op iets nieuw. Maar ze worden ook steeds weer opnieuw ontgoocheld. Ze hebben dan wel af en toe succes, maar al snel moet dit succes weer plaatsmaken voor een nieuwe tegenvaller.

De meeste financiële markten die ik ken, zijn door hun lows zo efficiënt, dat het onmogelijk lijkt om jezelf te bedwingen. Ze verplichten de trader letterlijk zich over te geven. En daardoor geven velen het ook weer op en verspreiden het gerucht dat je hier geen geld kan verdienen.

Ook ik heb deze pijnlijke weg bewandeld en stond op het punt op te geven. Pas toen ik me met automatische handelssystemen ging bezighouden, ben ik <u>trading op een heel andere manier gaan bekijken</u>. Nadat ik jarenlang geprobeerd had mijn trading onder de knie te krijgen door middel van technische analyse, leerde ik nu een veel nuchterder kijk op de beurshandel kennen.

Als je vreest dat je ook deze weg moet inslaan, vraag ik je om wat vertrouwen en geduld. Je hoeft in geen geval over te stappen op automatisch traden. Dat is niet de bedoeling van dit boek. Aan de hand van enkele concrete voorbeelden, wil ik aantonen wat ik geleerd heb uit de automatische handel. En ik hoop dat ook jij de kans krijgt om trading op een heel andere manier te bekijken.

Tegenwoordig zijn er heel wat handelsplatformen waar ook leken de mogelijkheid krijgen om eenvoudige back tests uit te voeren. Een back test is een manier waarop de trader kan testen hoe krachtig een bepaald handelsidee is. Met deze software kan je dus een test met terugwerkende kracht doorvoeren. Je ziet dan binnen enkele seconden welke resultaten je geboekt zou hebben als je de voorbije jaren volgens dit idee had gehandeld.

Je bekomt niet alleen de resultaten van duizenden trades die de computer voor jou simuleert. Je krijgt daarbij ook nog een grondige statistische analyse van deze testen. Je ziet in detail of het al dan niet de moeite was geweest om dit handelsidee te hebben verhandeld. Ik hoop dat het voor zich spreekt dat een handelsidee, dat de voorbije tien jaar niet functioneerde, ook in de komende tien jaar meestal niet zal functioneren (er zijn uitzonderingen).

Indien de trader echter over een idee beschikt dat de voorbije tien jaar zeer goed gefunctioneerd zou hebben, dan is de kans natuurlijk groot dat dit positief resultaat zich in de komende tien jaar opnieuw voordoet. Helaas kunnen we hier ook geen garantie geven, maar de kansen staan er alleszins beter voor als de back test positief uitdraait.

Het lijkt me belangrijk dat je over dergelijke informatie beschikt alvorens een handelsidee toe te passen. Als de trader zwart op wit bewijs heeft dat zijn strategie stabiel en winstgevend is, dan kan hij deze ook met meer vertrouwen verhandelen. Dat is natuurlijk erg belangrijk wanneer het eens niet zo goed gaat. En dergelijke fases doen zich - zoals we allemaal weten - steeds opnieuw voor.

Om die eenvoudige reden willen ik de lezers die (nog) niet vertrouwd zijn met automatische handelssystemen aanmoedigen om het eens een keer te proberen. Ik kan je verzekeren dat het de moeite waard is. Zelf heb ik me er ook lang tegen verzet. Eerst en vooral omdat ik wiskundig niet zo sterk in mijn schoenen sta. Ten tweede omdat ik niet veel van software afweet en allang blij ben wanneer de programma's op mijn computer vlot draaien. Ik denk dat dit voor de meeste mensen het geval is.

Maar ik had ongelijk me tegen automatische handelssystemen te verzetten, want ik heb mezelf daardoor belangrijke inzichten ontzegd in de manier waarop trading echt kan functioneren. Ik was zo blij geweest als ik 15 jaar geleden, toen ik begon met het scalpen van futures, over dergelijke gegevens had kunnen beschikken. Mijn handelscarrière had er heel anders uitgezien en ik zou veel sneller door het leerproces gelopen zijn.

Bovendien beschikken de geïnteresseerde leken tegenwoordig over heel wat uitstekende programma's, waar zelfs het kleinste kind mee zou kunnen werken. Je kan als het ware bepaalde strategieën testen zonder ook maar iets van programmeren af te weten. Niets staat dus het gebruik van geautomatiseerde handel in de weg, zelfs niet als je nooit van plan bent om echt geld aan een dergelijk programma toe te vertrouwen.

En als het je eens niet lukt, dan staat je makelaar steeds voor je klaar om je te helpen. Vergeet niet: het is de taak van de makelaar om je met alle middelen bij te staan zodat jij kan handelen. Tenslotte verdient hij daarmee zijn brood. De medewerkers van je makelaarsbedrijf zullen je dus graag bijstaan als je problemen zou hebben met een back test of met het opstellen van een template. Ikzelf heb meermaals beroep gedaan op de diensten van mijn makelaar en hij heeft me telkens met plezier en kosteloos geholpen. En ik heb iedere keer wat meer bijgeleerd over de geautomatiseerde handel.

Het is natuurlijk nog beter als iemand uit je kennissenkring erg vertrouwd is met dergelijke programma's. Als je zo iemand kent, raad ik je aan hem/haar uit te nodigen voor een etentje of hem/haar een of ander plezier te doen. Deze investering is zeker de moeite waard. Je kan je natuurlijk ook aansluiten bij een vereniging van traders of een groep op het internet die zich met deze thematiek bezighoudt. Er zijn ontelbare fora waarin deze onderwerpen uitvoerig besproken worden. Je komt hier keer op keer echte kenners tegen die je graag helpen als je vragen hebt.

Zoals reeds gezegd, is het niet mijn bedoeling om je van de voordelen van de geautomatiseerde handel te overtuigen. Die zijn er wel, maar er zijn ook nadelen. Je kan nog steeds manueel je trades invoeren en zelf bepalen wanneer je wel of niet wil handelen. Ik wil alleen even de voordelen aanhalen die het gebruik van automatische handel ook voor de zogenaamde "discretionaire trader" met zich meebrengt.

Een trader die zijn beurshandel volledig manueel uitvoert, kan oneindig veel leren van traders die automatisch handelen. Bijvoorbeeld leer je op een veel objectievere manier over trading nadenken en van daaruit rationeler te handelen. Maar je leert vooral minder hoe "de markten functioneren", wel <u>hoe trading functioneert</u>! Als je verder leest, zal je onmiddellijk begrijpen wat ik hiermee bedoel.

2. Doe het tegenovergestelde van wat in de trading boeken staat

Vaak boek je pas succes met eender welke onderneming wanneer je het tegenovergestelde doet van wat de meerderheid doet. Ik denk dat dit voor zich spreekt. En toch handelen de meeste traders die ik ken tegen deze grondregel. Ze willen dat de zogenaamde "succesvolle traders" hen vertellen wat ze moeten doen. Ze proberen dan deze strategieën na te bootsen of zelfs te handelen naar het voorbeeld van de "succesvolle trader". Meestal levert dit echter niet het gewenste resultaat op.

In dit boek neem ik nu enkele klassieke aanbevelingen uit de trading literatuur onder de loep en ik doe dan net het tegenovergestelde van wat deze goedbedoelde adviezen voorstellen. Ik zeg hiermee niet dat jij dat ook moet doen. Ik raad sowieso niets aan. Iedereen is zelf verantwoordelijk voor zijn eigen handel en zijn eigen geluk. Maar ik hoop dat dit gedachtenexperiment de lezer op nieuwe ideeën brengt. Misschien stelt het hem in de mogelijkheid zijn eigen trading eens op een andere manier te bekijken. Als me dat lukt met dit boek, heb ik al veel bereikt.

Stelling 1: Verlies beperken en winst de vrije loop laten

De eerste stelling of klassieke raad die ik hier in strijd wil trekken is: "Verlies beperken en winst de vrije loop laten". Elke trader kent deze zin. Hij wordt als een mantra in bijna elk trading boek weergegeven. Op het eerste zicht is hier niet veel tegenin te brengen. Maar iedereen weet toch dat je om geld te verdienen op de beurs zo weinig mogelijk moet verliezen en zo veel mogelijk winnen.

Toch stel ik deze zin in vraag, vooral als het gaat om korte-termijn trading of daytrading. Als je je een beetje met deze spreuk bezighoudt, zie je onmiddellijk dat hij afkomstig is van een zeer bepaalde groep. Namelijk de groep van trend followers. Trend followers, of in het Nederlands trendvolgers, zijn traders die er een filosofie op nahouden dat ze aandelen en markten op middelmatige of lange termijn altijd met lang aanhoudende trends zien verlopen.

Logischerwijs proberen de traders dus deze trend te volgen. Eenvoudig gezegd: eens je een trend hebt ontdekt in een aandeel of een markt, dan koop je die. Je probeert dan zo lang mogelijk in deze markt te blijven, tot je systeem aangeeft dat de trend ten einde is. Als je de juiste trend te pakken hebt, verdien je natuurlijk geld. Daarom zegt men ook: Laat de winst de vrije loop. Het gaat er dus om de trend te volgen zolang hij bestaat. Dat is duidelijk rationeel gedrag.

Helaas slaagt deze methode niet altijd. Soms koopt een trendvolger een markt die eerst in een bepaalde richting bewoog, maar dan moet hij vaststellen dat de markt plots helemaal niet meer beweegt. De trader heeft dan wel een positie, maar die levert niet echt winst op. De trader lijdt geen verlies, maar hij boekt ook geen winst. Hij verliest alleen zijn tijd.

En natuurlijk gebeurt ook het tegenovergestelde van wat de trendvolger hoopt. Hij heeft nog maar net gekocht als de markt zich keert en de positie verlies begint te maken. Vandaar ook het eerste deel van de raad: Verlies beperken. Van zodra de positie zich negatief ontwikkelt, moet de trendvolger deze dus sluiten en het verlies zo klein mogelijk houden. Hij moet bereid zijn om zich steeds weer bij kleine verliezen neer te leggen.

Het is namelijk helemaal niet vanzelfsprekend dat de markt zich nog steeds in de gewenste richting verder ontwikkelt nadat je gekocht hebt. Dit is zelfs eerder uitzonderlijk. Meestal gaat de markt eerst nog in de ongewenste richting.

De moeilijkheid is dan om te bepalen of het gaat om gewoon een kleine correctie van voorbijgaande aard, waar je niet al te veel aandacht aan moet besteden, of dat dit het begin is van een echte wending in de markt. Welk van deze beide gevallen zich ook voordoet, de regel zegt: Verlies beperken. De trendvolger moet zijn positie dus sluiten, of hij het nu goed heeft ingeschat of niet.

Volgens mij hebben maar weinig mensen een dergelijke ijzersterke discipline. Hoewel deze raad gebaseerd is op een correcte waarneming en ervaring, is hij moeilijk te realiseren. Dat is ook de reden waarom veel trendvolgers hun systeem volledig geautomatiseerd hebben. De computer beslist dan wanneer gekocht of verkocht wordt.

Hoe waar en belangrijk deze regel voor trendvolgers is, zo weinig nut heeft hij in daytrading of kortetermijnhandel. Aangezien daytrading meestal op basis van hefboomwerking wordt uitgevoerd, heeft trendfollowing hier zelden zin. Als je voorziet om wekenlang, of zelfs maandenlang, in dezelfde trade te blijven, zullen de financieringskosten die je makelaar je aanrekent voor het behouden van deze positie niet redelijk zijn in verhouding tot de opbrengst.

De problemen die ik steeds weer vaststel bij daytrading, ontstaan vaak doordat de meeste traders hun handelsfilosofie ongelukkig genoeg net van de trendvolgers hebben overgenomen. Ze proberen dus ook hun winst te maximaliseren en hun verlies tot een minimum te beperken. Dit klinkt wel logisch en rationeel, maar is bij daytrading moeilijk toe te passen.

Als je intraday grafieken bestudeert, zie je dit ook. Vaak beweegt de markt zich urenlang zijwaarts in een enge range, om dan explosief naaf boven of beneden uit te schieten. Meestal gebeurt dit nadat belangrijke economische gegevens gepubliceerd werden. Je ziet effectief hoe de marktdeelnemers op deze gegevens wachten. Aangezien je onmogelijk kan weten in welke richting deze overreactie zal gaan, is het natuurlijk moeilijk om op basis van eender welke analyse het verloop van de koers te voorspellen.

Veel traders krijgen er ook mee te maken dat ze de marktrichting wel juist hebben ingeschat, maar toch hun positie verliezen omdat de koers eerst de andere richting opgaat en hun stops bereikt. De stops zijn zo krap ingesteld omdat ze volgens de mantra van de trendvolger "hun verlies willen beperken". Zo hopen de vele verliezende trades zich op en de weinige trades die op grote winst zijn uitgelopen, volstaan dan niet meer om aan het einde van de week een winstgevend resultaat te behalen.

Stelling 2: probeer een goede kans-risicoverhouding te behalen

De filosofie van de trendvolger met betrekking tot de kans-risicoverhouding (KRV) is het duidelijkst zichtbaar. Dat is een cijfer dat aangeeft hoeveel een trader op het spel mag (of moet) zetten om een bepaalde opbrengst te behalen. Goede trading, zoals de mantra van de meeste trading goeroe's ook vaak zegt, werkt met hoge KRV's. Je ziet dus vaak dat ook in de korte-termijnhandel een KRV van 1:2 of zelfs 1:3 vereist is.

Concreet betekent dit: als de trader 50 tics of pips (afstand tussen de stop en de instapkoers) op het spel zet, dan moet het koersdoel minstens 100 tics of pips bedragen. Koop je bijvoorbeeld de DAX aan een prijs van 10.000 punten en plaats je een beschermende stop 50 punten lager op 9950, dan moet het koersdoel minstens 10.100 zijn.

Dat betekent dat een trader die de DAX op 10.000 punten heeft gekocht, erop moet hopen dat hij in de komende uren effectief stijgt naar 10.100 punten. Misschien gebeurt dat ook werkelijk. Maar in de realiteit gaat de goede oude DAX, alvorens deze daad van barmhartigheid voor de trader waar te maken, eerst nog eens teruglopen tot 9950 punten, waar hij de stop bereikt. Dit is geen kwaad opzet om de trader te pesten. Zo werken de markten nu eenmaal. Ze misleiden als het ware de verwachting van de trader. In eerste instantie.

Hoe logisch en wiskundig correct deze eis van de goeroes ook mag klinken, de realiteit ziet er meestal totaal anders uit. Het is namelijk niet zo eenvoudig een opbrengst van 10 pips of punten met een risico van 50 pips of punten te behalen, hoe graag je het ook zou willen. En het wordt natuurlijk nog moeilijk als zelfs KRV-eisen van 1:3 of nog hoger openstaan. Hier heb je nog meer tovenaarskunsten nodig om aanhoudend succesvol te zijn.

Stelling 3: Je hebt "alleen maar" een slaagkans van 33,33% nodig

Als de trader de niet echt onbescheiden opbrengstverwachting van 100 punten winst met een risico van 50 punten wil verwezenlijken, had hij alleen maar een slaagkans nodig van iets meer dan 33,33% om winstgevend te handelen. Slechts 34% van zijn trades moeten het koersdoel bereiken om winstgevend te kunnen handelen. Dat is tenminste wat de wiskunde ons vertelt. Deze eis klinkt natuurlijk ook redelijk. En iedereen die voor de eerste keer met dit idee geconfronteerd wordt, denkt bij zichzelf: "Ja, 33,33%, dat kan ik! Ik kan zelfs veel beter!"

Maar de realiteit van de trading ziet er heel anders uit. Traders die met dergelijke premissen de markt betreden, worden er vaak uitgezet omwille van ontbrekende volatiliteit. Bijgevolg wordt het genoemde koersdoel van 100 pips of 100 punten helemaal niet bereikt (laat staan 150 pips). De stop, die op 50 punten van de instapkoers ligt, wordt daarentegen wel bereikt. Bijgevolg stijgt de rekening niet. Wiskundig gezien klopt deze stelling natuurlijk, maar ze is heel moeilijk in de praktijk om te zetten. Verder maakt het niet uit of de trader werkt met een 30-60 of een 20-40 verhouding. Dezelfde moeilijkheden blijven bestaan.

Volgens mij moeten we de oorzaak van het probleem bij dit soort trading gaan zoeken bij de onderliggende premisse. Deze komt voort uit de eerder vermelde raad "Beperk je verlies, laat de winst de vrije loop". In eerste instantie klinkt deze raad redelijk en rationeel, maar in de dagelijkse realiteit van de korte-termijnhandel is hij niet erg praktisch.

Daardoor wordt duidelijk dat de mislukking niet te wijten is aan de discipline van de trader (zoals zo vaak wordt beweerd), maar gewoon aan de verkeerde methode. En ik wil nog een stapje verder gaan en stellen dat het te wijten is aan de verkeerde handelsfilosofie. Hoe zinvol en waar "beperk je verlies, laat je winst de vrije loop" voor trendvolgers is, zo nutteloos bewijst deze raad zich voor de korte-termijnhandel.

Meer nog. Mijn raad in dit boek gaat zelfs in de richting van het tegendeel te proberen van wat de trendvolgers wordt aangeraden. Mijn voorstel voor de intraday handel luidt effectief: **Winst zo klein mogelijk houden en verlies zo groot mogelijk kiezen.** Hoe absurd deze raad sommigen in de oren klinkt, zo effectief bewijst hij zich, als we dit voorstel grondig testen en de resultaten bekijken.

Mijn raad is inderdaad bij intraday handel te proberen handelen als een scalper, permanent kleine winsten realiseren en niet met krappe stops werken. Werkt de trader bij daytrading met krappe stops, dan zal hij ondervinden dat zijn positie voortdurend wordt stopgezet. Dat ligt in de aard van de markten, die constant onderworpen zijn aan kleine schommelingen.

Het koersdoel van zijn positie moet dus zo klein mogelijk gekozen worden, zodat het snel en moeiteloos wordt behaald. De stop daarentegen moet zo ver mogelijk van het huidige koersgebeuren verwijderd liggen. Zo ver, dat deze onder "normale marktomstandigheden" helemaal niet snel wordt bereikt. Dat dit zo nu en dan toch gebeurt, is vanzelfsprekend. De marktvereisten en de volatiliteit veranderen voortdurend. Er doen zich dus af en toe overdrijvingen voor waaraan de verafgelegen stop ten prooi valt.

Het eigenlijke idee achter deze strategie is echter dat het koersdoel dankzij de natuurlijke schommelingen van de markt snel en probleemloos behaald wordt. Hoe snel dit gaat, wil ik toelichten aan de hand van een aantal voorbeelden. Wat belangrijk is bij deze strategie, is dat je leert begrijpen dat het bij intraday handel niet draait om het behalen van grote winsten. Integendeel zelfs. We willen ons koersdoel zo snel mogelijk behalen en gaan dan over naar de volgende trade. We geven dus de voorkeur aan een keten van vele kleine winsten.

Deze benadering heeft veel voordelen. **Het belangrijkste voordeel** is naar mijn gevoel **de plezierfactor**. Als je steeds weer wint, geraak je enorm gemotiveerd. Wees eens eerlijk. Hoe verdien je het liefst je geld: een keer winnen en vijf keer verliezen? Of negen keer winnen en een keer verliezen?

Ik denk dat het antwoord voor de hand ligt. De meeste mensen gaan voor de tweede optie. Dat ligt in de aard van de mens. Daarom probeer ik een handelsstrategie te ontwikkelen die overeenkomt met de menselijke aard. Rationeel gezien klinkt het misschien wel logischer om voor de eerste optie te gaan (wat de meester boeken over trading ook doen). Maar in de praktijk is ze echter moeilijk waar te maken. Geloof me, ik heb het jarenlang geprobeerd.

De meeste traders willen het liefst altijd (of toch zo vaak mogelijk) winnen. Daarom raad ik ook aan om een strategie te zoeken die hierin ook slaagt: een strategie met een zo hoog mogelijke slaagkans. Hoe hoog de slaagkans moet zijn om aan het einde winstgevend te kunnen handelen, willen we uitleggen aan de hand van een eenvoudig rekenvoorbeeld.

Als je je focust op constante kleine winsten, programmeer je als het ware je handelswijze (je brein) op deze manier. Aangezien je altijd weer kleine succeservaringen beleeft, ben je permanent gemotiveerd om verder te gaan. Dit is bij trading van zeer groot belang. Trading is zeer zeker een geweldige uitdaging. Daarom zijn succeservaringen zeer belangrijk. Als deze uitblijven, verliest de trader snel zijn motivatie.

Het tweede voordeel van kleine koersdoelen is de realiteit van de markt zelf. Je krijgt niet vaak de kans om grote winsten te behalen. Maar je hebt wel voortdurend de mogelijkheid om kleine winsten te realiseren. Daarom verkies ik deze methode, aangezien ik een systeem wil, dat me vaste inkomsten biedt. Als je op jacht bent naar grote winsten, moet je vaak dagenlang wachten totdat dit resulteert uit je geanticipeerde beweging van 100 punten. Op die tijd heeft mijn systeem waar mogelijk al 20 of 30 keer 5 of 7 punten uit de markt gehaald.

Aangezien een dergelijk systeem met kleine koersdoelen winstgevend verhandeld kan worden, hebben we natuurlijk een hoge slaagkans nodig. Want af en toe krijgen we ook te maken met een verliezende trade, die onze winst verslindt. De hoge slaagkans is de premisse van dit systeem. We hebben haar nodig, en we willen haar. En daarbij komt nog de natuurlijke behoefte van de mens om altijd te willen winnen. Je mag het dan wel betreuren en als irrationeel beschouwen, maar tegen de menselijke aard in werken is altijd al een van de grootste moeilijkheden geweest. En daarom willen we het ook helemaal niet proberen.

3. Mik op een hoge slaagkans

Ter verduidelijking van de premisse, die aan de basis van onze strategie ligt, moeten we de verhouding tussen kans-risico en slaagkans van naderbij bekijken. Want als er ergens een **succesformule in de trading** is, dan kan je die hier zeker vinden. Wie begrijpt hoe de slaagkans en de kans-risicoverhouding op elkaar inwerken, kan een beursformule ontwikkelen, aangepast aan zijn eigen persoonlijkheid. Daarom willen we aan de hand van enkele voorbeelden een aantal formules wat nader bekijken.

Als een trader een aanhanger is van de trendfollowing filosofie, zal hij van nature uit overal trends op de grafieken proberen te herkennen. Een dergelijke trader ziet een zijwaartse fase dan eerder als een "voortzettingsformatie" dan als een "onbeduidende roes". Aangezien hij inzet op trends, probeert hij natuurlijk grote winsten te realiseren. Bij de verhouding tussen risico en winst, legt deze trader de nadruk op de winst. Op trendmarkten kan je je net wel aan grotere winsten verwachten.

Met betrekking tot de succesformule zal hij dienovereenkomstig voor hoge KRV's kiezen. Best KRV's van 1:3 of hoger. Wat dit betekent voor de slaagkans, willen we verduidelijken aan de hand van een rekenvoorbeeld. Stel: een trendvolger voert 100 trades uit, waarvan slechts 30 winst opleverden (een gebruikelijk succescijfer bij trendvolgers). Hij heeft dus een slaagkans van 30 %. Hij werkt met een kans-risicoverhouding van

1:3. Omgezet in punten: hij riskeert 100 punten om er 300 te winnen.

30 winnende trades x 300 punten =   9000 punten

70 verliezende trades x 100 punten = 7000 punten

Totaal: 2000 punten

Je ziet: volgens deze berekening beschikt onze trendvolger over een winstgevend handelssysteem. Hoewel hij slechts 30% kans op slagen heeft, boekt hij toch nog winst. Het is zelfs nog beter. De winstdrempel van deze trade ligt op 25%. Dat betekent dat hij met slechts een vierde van zijn trades het koersdoel moet bereiken om break-even te draaien (op 0 uitkomen). Vanaf de 26ste trade boekt hij winst. Hier zie je dit:

25 winnende trades x 300 punten =   7500 punten

75 verliezende trades x 100 punten = 7500 punten

Totaal: 0 punten

De beperkte nodige slaagkans is overigens de reden waarom veel traders zich tot deze strategie aangetrokken voelen. Ze denken bij zichzelf: een slaagkans van 25%? Dat is gemakkelijk te doen. En dat is misschien ook zo, op voorwaarde dat je psychisch in staat bent om met de vele verliezende trades (tot 75%) om te gaan. Want deze bieden zich niet mooi in het ritme aan: Verlies, verlies, verlies **winst**, verlies, verlies, verlies, **winst**, verlies, enz.

Als trendvolger kan je tien of meer verliezende trades op rij meemaken. Als je voor de tiende keer op rij een verlies van 100 punten moet verwerken, ben je dan nog in staat om met een heldere geest te beginnen aan je elfde trade met een verliesstop op 100 punten, zonder eens te moeten slikken?

De tweede beperking die ik zie in deze strategie is natuurlijk het feit dat een koersdoel van 300 punten niet zomaar wordt behaald. Stel: onze trendvolger heeft een positie in het valutapaar USD/JPY, die op 250 pips in de winst staat. Hij heeft dus "nog maar" 50 pips nodig om het koersdoel van 300 pips te bereiken.

Helaas gebeurt het onverwachte. De USD/JPY verandert plots van richting en produceert een flinke retracement. Bijgevolg staat de positie na enkele uren nog slechts 75 punten in de winst. Wat doe je dan als trendvolger? Draai de stop bij (op dat moment verandert natuurlijk ook de KRV en "vervals" je het systeem). Werk je vanaf nu met een trailingstop en neem je op de koop toe dat je positie met een kleinere winst dan 300 pips wordt afgesloten (waarschijnlijke varianten)?

Zoals je ziet, ziet het systeem met hoge koersdoelen in theorie er wel goed uit, maar in de praktijk is het moeilijk te verwezenlijken. Naar mijn gevoel is dat ook de reden waarom zo veel traders mislukken in de Forex handel. Ze hebben gewoonweg het verkeerde systeem. Of op zijn minst een systeem dat moeilijk te verwezenlijken is.

Alle vragen rond het beheer van de stop en de exit strategie komen toch voort uit het feit dat de trader met hoge (vaak onbereikbare) koersdoelen werkt. Hij moet zich dan inderdaad bezighouden met uitgedachte exit strategieën, die natuurlijk bij elke wijziging in de parameters zijn succesformule in vraag stellen.

Bereikt hij bijvoorbeeld op basis van correcties op de markt of zelfs retracements zijn vooropgezet koersdoel van 300 pips vaker niet, zal hij het moeilijk hebben om zijn handelsdoelen te bereiken. Terwijl we in eerste instantie vooropgesteld hadden dat bij deze strategie een slaagkans van iets meer dan 25% voldoende was om winstgevend te kunnen handelen, moeten we nu waar mogelijk uitgaan van een veel hogere slaagkans. En hier begint het dan ingewikkeld te worden.

We bekijken nu het model van een trader die zo ongeveer het tegenovergestelde van de trendvolgers probeert. Hij kiest een zo klein mogelijk koersdoel en een ver verwijderde stop. Deze trader doet dit, omdat hij een totaal andere filosofie volgt dan onze trendvolger. In plaats van overal trends te zien, gaat deze trader ervan uit dat de markt meestal geen trend volgt.

In vaktaal wordt dan vaak gezegd dat je je in de **mean reversion modus** bevindt.

Wat is dat? Met mean reversion bedoelen we de neiging van een beurskoers om na een extreme positie weer terug te keren naar de gemiddelde waarde. Natuurlijk heb je in de mean reversion modus ook wel overdrijvingen (dus handelskansen waarbij je grote winsten kan boeken). Maar vroeg of laat worden deze door de markt weer gecorrigeerd. Ofwel keren de koersen terug naar een vroegere range, of de uitbraak naar boven wordt gevolgd of er volgen geen aankopen meer, zodat de winst beetje bij beetje afbrokkelt.

Een mean-reversion trader probeert zeker niet deze uitbraken, overdrijvingen (dus grote koersdoelen) te verhandelen. Hij gaat uit van de normale, dagelijkse fluctuatie op de markt en probeert telkens een klein stukje mee te pikken.

Daarom bekijken we de succesformules van deze trader. We gaan ervan uit dat hij zich tevreden stelt met een koersdoel van 10 punten. Hij plaatst zijn stop op een veilige afstand van het huidig marktgebeuren, namelijk 30 punten. Hij riskeert dus 30 punten om er slechts 10 te winnen. Ik weet dat deze voorstelling voor heel wat traders verschrikkelijk is. Hoe kan je in hemelsnaam met een "negatieve kans-risicoverhouding" werken, dus meer riskeren dan je kan winnen?

Aangezien we van in het begin van dit boek al uitgingen van de stelling dat men vaak het tegenovergestelde moet doen van wat de meerderheid doet om succes te boeken, nemen we deze trader au sérieux en bekijken zijn succesformule.

Aangezien het koersdoel klein is, wordt het natuurlijk - in tegenstelling tot het koersdoel van de trendvolger - snel behaald. Een dergelijke strategie moet dus van nature uit over een hogere slaagkans beschikken. Stel dat het in dit geval 75% zou zijn. Ook deze trader voert in ons rekenvoorbeeld 100 trades uit.

75 winnende trades x 10 punten = 750 punten

25 verliezende trades x 30 punten = 750 punten

Totaal: 0 punten

In dit rekenvoorbeeld zien we dat deze trader een slaagkans van net iets meer dan 75% nodig heeft om winstgevend te kunnen handelen. Wie niet voor deze methode te vinden is, zal ertegen inbrengen dat slaagkansen van 75% en hoger moeilijk te behalen zijn. Ik stem hiermee in voor zover de koersdoelen te ambitieus zijn (zoals bij de meeste intraday strategieën). Maar als het koersdoel gemakkelijk en snel te behalen is, dan zijn slaagkansen van 75%, zelfs meer dan 80%, helemaal niet zo zeldzaam.

Natuurlijk is dit voorbeeld aanvankelijk willekeurig uitgekozen. In het verdere verloop van dit boek stel ik een strategie voor met een minimaal koersdoel, die gebaseerd is op deze premisse. Het liet bijvoorbeeld een nog veel extremer voorbeeld vermoeden. We gaan ervan uit dat deze trader zich tevreden stelt met een koersdoel van 6 punten. Zijn stop blijft op een afstand van 30 punten van de instap. In dit geval was zijn KRV 6:1, dus een extreem negatieve KRV. Hoe hoog schat je in dit geval de waarschijnlijkheid in dat het koersdoel eerder wordt bereikt dan de stop? Inderdaad: zeer hoog.

84 winnende trades x 6 punten =   504 punten

16 verliezende trades x 30 punten = 480 punten

In dit voorbeeld moet de trader al een slaagkans van 84% behalen om winstgevend te kunnen handelen. Ook dit is een heel hoge slaagkans. De waarschijnlijkheid dat het koersdoel wordt bereikt, is hier nu nog een stuk hoger dan bij het voorbeeld met een stop-afstand van 10 punten.

4. Waarom handelsstrategieën met "goede" KRV's meestal niet succesvol zijn

Hier kan een kritische lezer tegen inbrengen dat het wel onwaarschijnlijk is dat een handelssysteem voortdurend hoge slaagkansen kan bereiken. Je zal op de markt altijd fasen hebben waarin de stop vaker wordt bereikt. Dit heeft dan grotere draw down fasen (verliesrijen) tot gevolg, wat de algemene winstgevendheid van de strategie doet verminderen. Ik stem hiermee in. Dat is wat er zal gebeuren. Verder ken ik geen enkel handelssysteem dat het klaarspeelt zonder draw down fasen.

Zo waar als je altijd verliesfasen hebt, zo waar neigen juist systemen met hogere slaagkansen naar het snel weer goedmaken van het opgelopen verlies. Dat ga ik nog aantonen aan de hand van meerdere equity curven van een dergelijk systeem. Bovendien duiken in een dergelijk systeem ook lang aanhoudende winstrijen op, die natuurlijk erg bevorderlijk zijn voor de rekening. In enkele gevallen behaalde het systeem winstrijen van meer dan 100 trades, zonder een enkele verliezende trade!

Maar er is een nog veel belangrijker argument, dat in het voordeel spreekt van een handelssysteem met kleine koersdoelen, vooral als je van plan bent om op korte termijn te handelen. Bij het bekijken van de handelssystemen volgens het trendfollowing model hebben we vastgesteld, dat de koersdoelen vaak moeizaam of helemaal niet worden behaald. Het negatief effect verslechtert natuurlijk de KRV van veel handelsstrategieën die gebaseerd zijn op dit principe. En dit is ook vaak de reden waarom traders die gebruik maken van dit model geen succes boeken.

Als we echter de resultaten van handelsmodellen gaan bekijken, die met kleine koersdoelen werken, zien we regelmatig een ander effect: de stopkoers wordt niet altijd behaald! De reden hiervoor is eenvoudig: nadat de trade werd geopend, wordt misschien het koersdoel niet behaald, maar omwille van de kleine volatiliteit ook niet de verder afgelegen stop.

Afbeelding 1: Prestatiehistogram in de Euro stoxx 50 future (FESX)

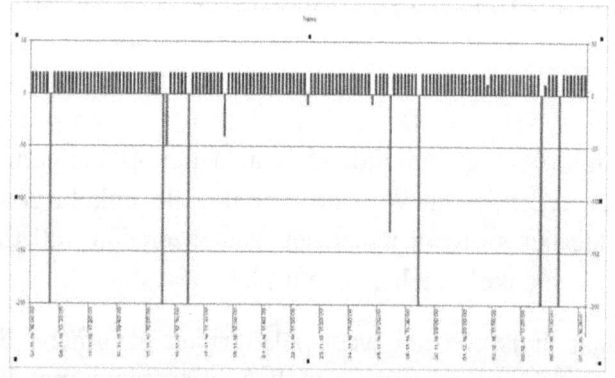

Afbeelding 1 verduidelijkt dit effect. Je ziet het resultaat van een aantal trades in de Euro stoxx 50 future. De kleine blauwe balken bovenaan stellen de winnende trades voor. De lange rode balken onderaan vertegenwoordigen de verliezende trades. Zoals je ziet, zijn de winnende trades duidelijk talrijker, dat betekent: deze strategie beschikt over een hoge slaagkans. Dat was in dit geval ook niet moeilijk, want het koersdoel lag op slechts 2 tics. De stop lag op 20 tics verwijderd.

Terwijl het koersdoel nu bijna altijd wordt behaald (er waren 2 uitzonderingen), werd de stop slechts in 6 gevallen bereikt. Echter waren er nog 5 andere verliezende trades, waarbij dat niet het geval was. Aangezien het hier, in tegenstelling tot het trendfollowing systeem, om een intraday systeem gaat, werd de positie vanaf een bepaald tijdstip gesloten.

Maar als de stop niet altijd wordt behaald, verbetert natuurlijk onze KRV, terwijl het totaalverlies (de som van alle verliezende trades) kleiner wordt. Dit effect zorgt er dan voor, dat de trader een kleinere slaagkans nodig heeft om de winstdrempel te bereiken. Het kleine koersdoel daarentegen wordt bijna altijd behaald.

Dus, als het effect van de verminderde koersdoelen de winstgevendheid van trendfollowing systemen verkleint, verhoogt het effect van de kleinere verliezen de winstgevendheid van handelssystemen met kleine koersdoelen. Voor mij is dit reden genoeg om meer met dergelijke systemen bezig te zijn.

5. Lof van het take profit order

Het realiseren van winsten behoort tot het aangename van de beurshandel. Ook maakt het deel uit van de noodzakelijke activiteiten van een trader. Hij moet voortdurend winst realiseren als hij van zijn activiteit wil leven. Als je denkt dat dit een van de meest eenvoudig door te voeren maatregelen van een trader is, dan is dat een zware vergissing. Veel traders hebben het heel moeilijk om een positie die in winst staat af te sluiten. De reden is menselijk: hebzucht. Eens je aan het winnen bent, komt de natuurlijke begeerte naar boven om nog meer te winnen. Tenslotte staat de positie al in de winst en is er geen enkele reden om aan te nemen dat de reeds behaalde winst niet nog verder kan toenemen.

Ikzelf heb als trader lange tijd met dit probleem gekampt. Ik kon mijn winst niet realiseren. Ik was, om het zo te zeggen, veel te geduldig. In werkelijkheid was ik eigenlijk veel te gretig. Pas toen een bevriende trader, met wie ik dit probleem besprak, me gewoon zei: "Je mag je geld niet zomaar op tafel laten liggen", heb ik geleerd mijn winst tijdig te realiseren. Maar dat was niet eenvoudig.

Helaas is ook het tegenovergestelde het geval. Behaalde winsten kunnen sneller verdwijnen dan je kan zien, als sneeuw voor de zon. Alleen al daarom wil ik graag een lans breken voor **het geautomatiseerde take profit order**. Dat is een order om het waardepapier te verkopen nadat het een bepaalde koers heeft bereikt. Daarmee wordt de winst automatisch op de rekening van de trader overgemaakt van zodra de markt een bepaalde koers heeft bereikt. Traders die gebruik maken van dit instrument moeten zich dus geen zorgen meer maken over het verdere verloop van de markt. Van zodra de positie wordt gesloten, speelt hij niet meer mee. Punt.

Zij die het geautomatiseerd take profit order bekritiseren, argumenteren natuurlijk dat men op deze manier de winst beperkt. Tenslotte kan de koers - puur theoretisch gezien - oneindig verder stijgen (of dalen, als je short bent gegaan). Dat dit maar zelden gebeurt, heb ik al in het begin van dit boek aangetoond.

Integendeel, want meestal bevinden markten zich in mean reversion modus en de koersen draaien maar al te vaak. Zo gebeurt het tegendeel van wat de trader beoogt.

Het is dus van het allergrootste belang, dat de trader leert zijn winst daadwerkelijk te realiseren. Net zoals hij ook moet leren zijn verlies te beperken. Maar als een trader met hoge KRV's werkt, leidt dit er helaas toe dat hij de markt begint te analyseren als het niet goed loopt. Hij doet dit vóór, tijdens en vaak ook na de trade. Dit mag dan intellectueel interessant zijn, het brengt meestal geen geld op.

Een trader verdient op de beurs alleen maar geld als hij zijn winst systematisch realiseert. En best nog automatiseert hij dit proces, zodat hij niet in de verleiding komt om te twijfelen. Het take profit order doet dit voor jou. De naam zegt het klaar en duidelijk: Take the profit!

Of je het nu gelooft of niet: deze eenvoudige gebeurtenis brengt het eigenlijke geld op de beurs. Niets anders. Je kan iets overdreven zeggen: een trader is iemand die constant winst realiseert. Toch moet aandacht en energie op deze activiteit gevestigd worden. Doe je dat niet, dan verspil je alleen maar je tijd. Niet vergeten: traders zijn op de beurs om tics, punten en pips te verzamelen. Constant, onvermoeibaar en met veel plezier!

Als de trader met kleine koersdoelen werkt, zoals ik aanraad, wordt het koersdoel vanzelf snel behaald. In sommige extreme gevallen zelfs na enkele seconden. Met korte trades produceert zijn systeem meer trades dan wanneer hij op grote koersdoelen inzet. Bijgevolg ontstaat voor de trader een bepaalde dynamiek die nauw aansluit bij die van een scalper. Wie mijn scalpingboeken kent, weet welke voordelen daarbij opkomen in het brein van een trader. Het continu realiseren van winst roept net zo goed de mentaliteit van een winnaar op, die je nodig hebt om succesvol te zijn op de beurs.

Als de trades te lang duren, heeft de trader veel meer afstand nodig van het koersgebeuren en kan hij best zijn pc of laptop (en ook zijn smartphone) uitschakelen en de koers niet meer in de gaten houden. Maar de ervaring heeft me geleerd dat maar weinig traders hiertoe in staat zijn. Vraag maar eens aan een trader, die 5 beursapps op zijn smartphone geïnstalleerd heeft, om twee dagen niet naar de beurskoers te kijken. Je zal er vermoedelijk amper een vinden die daartoe in staat is. De beurs is nu eenmaal verslavend.

Daarom raad ik aan om je trading zoveel mogelijk te automatiseren, of op zijn minst semiautomatisch te werk te gaan, waarbij je gebruik maakt van vastgelegde take profit orders van zodra je een positie opent. Je kan dan nog steeds manueel de markt betreden bij de entry, als je dat wil.

6. Lof van de automatische entry

Traders maken zich vaak veel zorgen over entry, exit, strategie en technische analyse. Sta me toe hierbij op te merken dat deze dingen na het uitvoeren van enkele duizenden of zelfs tienduizenden trades veruit van minder belang zijn dan over het algemeen wordt aangenomen. Ervaren traders hechten daarentegen veel meer belang aan de parameters in de statistische beschouwing van een gehele handelsperiode.

Als de trader stopt met analyseren, handelt hij steeds meer op basis van statistische veronderstellingen (die hij uit eerdere backtests heeft opgestoken). Daardoor neemt hij de emoties zoveel mogelijk weg uit de handel en handelt rationeler. Dit heb ik reeds aangehaald in mijn boekenreeks over swingtrading. Daarbuiten "op de beurs" is er niets wat objectief geanalyseerd kan worden.

De beurs is niets anders dan een chaotisch gebeuren dat door duizenden marktspelers wordt bepaald, die meestal niet rationeel handelen. Een pure poging om de beurs te begrijpen, kan in mijn ogen alleen maar mislukken. Zodra je een uitspraak gedaan hebt over de toekomstige koersontwikkeling, brengt iemand anders een goed argument aan dat net het tegenovergestelde bewijst van wat jij misschien een minuut geleden nog dacht.

Op de beurs moet je je eigen spel spelen. En als ik zeg: je eigen spel, betekent dit dat **JIJ** de spelregels moet bepalen! Niemand anders. Je moet op voorhand weten wanneer en waarom je instapt, waar je stop staat en wanneer je de winst wil ophalen. Als je je op deze eenvoudige, maar duidelijke parameters concentreert, is de kans veel groter, dat je bij de winnaars terechtkomt. Speel dus je eigen spel!

Een trader kan veel tijd besteden aan het zoeken naar de ideale koop- of verkoopsignalen. De vraag is echter of je dit ook moet doen. Hij zal beslist af en toe bijvoorbeeld de low van de dag te pakken krijgen en op het juiste moment long gaan. Maar de vraag is natuurlijk: kan hij dat elke dag? Ik denk dat het antwoord duidelijk is. Mag ik zeggen dat de voortdurende zoektocht naar het perfecte instapmoment een beginnersprobleem is?

Geloof me, de meeste ervaren traders hebben de vraag wanneer en of men in een trade moet instappen allang geautomatiseerd. Het kan de intellectuele nieuwsgierigheid bevredigen en ook het ego strelen als het je eens lukt om op de high van de dag short te zijn gegaan. Maar zeg nu eens eerlijk: Denk je echt dat je deze ambitie nog steeds hebt na 10 jaar en je eerste tienduizend trades binnen zijn?

Bij de strategie die ik voorstel, wil ik naast de geautomatiseerde take profits ook **de geautomatiseerde entry** aanraden. Dit heeft veel voordelen. Als de trader zich niet meer moet bezighouden met de zoektocht naar goede entries en het ophalen van de winst (het systeem doet dit voor hem), blijft nog maar een ding over: het beheer van de verliezende trades. En hier komt dan de echte meester naar voren.

Hoewel het beheer van de verliezende trades ook geautomatiseerd kan worden, zijn er redenen waarom je dit beter zelf doet. Ervaren traders zijn meestal beter in het beheer van hun verliezende trades dan robots. De reden is: Ervaring met markt en trading en domain expertise (diepgaande kennis van de markt, die men dagelijks verhandelt).

Daarom raad ik semiautomatische handel aan. Het combineert de voordelen van de automatische handel en de discretionaire (manuele) trading. Automatische handelssystemen kunnen de markt niet interpreteren. Een ervaren trader kan dit wel. Maar traders hebben het er meestal moeilijk mee om hun discipline voort te zetten. Dat kan een robot dan weer wel. Daarom raad ik aan om de voordelen van beide handelswijzen te combineren en de nadelen zoveel mogelijk uit te schakelen.

Deel 2: Een handelsstrategie met een klein koersdoel

Hier wil ik het even hebben over een eenvoudige handelsstrategie aan de hand van drie back tests met het oog op de winstgevendheid. Over het algemeen wordt in de trading literatuur zeer veel waarde gehecht aan de strategie zelf. In elke trader schuilt een speurder op zoek naar een graal, die hoopt op een dag toch de geheime strategie te ontdekken waar niemand in al die tijd op gekomen is. Misschien bestaat die ook wel. Maar in mijn 15-jarige carrière als trader ben ik deze helaas nog nergens tegengekomen. Elke, maar dan ook echt elke strategie die ik gezien heb, verhandeld heb of getest heb, heeft zwakke punten en meer of minder grote draw downs.

Dus in plaats van een vermoeiende zoektocht te beginnen naar een dergelijke "onfeilbare" strategie, loont het volgens mij veel meer om de parameters van een bestaande strategie zo aan te passen, dat ze ons de mogelijkheid biedt om onze financiële doelen te bereiken. Om een objectieve kijk op het prestatiepotentieel van zijn gekozen strategie te bekomen, moet de trader deze eerst testen. Dat kan hij natuurlijk op papier doen op een demorekening. Na een of twee maanden heeft hij dan een idee of deze strategie al dan niet zinvol is.

Maar als je de winstgevendheid van een handelsstrategie op lange termijn wil testen, moet je als trader een zogenaamde **back test** voor de ingestelde parameters uitvoeren. Dit gebeurt op basis van speciale software, die tegenwoordig overigens op veel handelsplatformen wordt aangeboden. Meestal is het dus niet nodig om op zoek te gaan.

Bij een back test ga je op basis van beschikbare gegevens uit het verleden van een markt bekijken hoe jouw strategie het ervan had afgebracht met de gekozen parameters. Met de resultaten die hieruit voortkomen, kan je dan een statistische analyse bekomen waarmee je het prestatievermogen van je strategie kan beoordelen. De premisse van een dergelijke back test is natuurlijk de veronderstelling dat er een grote kans bestaat dat strategieën die in het verleden goed functioneerden dat ook in de toekomst kunnen. Hetzelfde geldt natuurlijk ook voor strategieën die niet goed gepresteerd hebben. Meestal doen ze het dan ook in de toekomst niet zo goed.

Maar toch mag men niet uit het oog verliezen dat de voorbije prestaties geen garantie bieden voor de toekomstige prestaties. Als een trader een bepaalde strategie test, zal hij ervaren of de basisveronderstellingen van zijn systeem onder bepaalde marktvoorwaarden functioneren. Niet meer maar ook niet minder. Back tests zijn daarom zeker niet perfect, maar je krijgt tenminste een idee over wat de strategie met de ingevoerde parameters de voorbije jaren zou gepresteerd hebben, als je haar had verhandeld.

Test 1: De Bund future crossing moving average strategie

Om het zo eenvoudig mogelijk te houden, heb ik als signaalgever gekozen voor een **crossing moving average**. Deze indicator baseert zich dus op de kruising van een langzaam en een snel voortschrijdend gemiddelde. Als het snelle voortschrijdende gemiddelde het langzame kruist van onder naar boven, dan open het systeem **alleen maar long posities**. Omgekeerd: als het snelle voortschrijdende gemiddelde het langzame van boven naar onder kruist, dan worden **enkel short posities** geopend.

Een eerste test heb ik uitgevoerd op de Duitse **Bund future**.

Afbeelding 2: Bund future, 5-minutengrafiek

Als instelling voor het crossing moving average koos ik voor 24,51. De blauwe lijn (bovenaan) is het snelle MA, de magenta lijn (onderaan) het langzame MA. In dit geval lag het blauwe MA boven het magenta MA. Er werden dus enkel long posities geopend (pijlen).

Het koersdoel heb ik op 3 tics vastgelegd terwijl het stop-loss order op 20 tics lag.

Aangezien de Bund future zich voor de gekozen testperiode (2006-2017) meestal in een stijgende trend bevond, heb ik ook de testresultaten voor **long only** bekeken. Dat betekent dat ik in dit geval de parameters heb gewijzigd van long-short naar long only. Zo krijg je de testresultaten te zien alsof je enkel long had gehandeld. De resultaten waren inderdaad veel beter dan wanneer je ook short had gehandeld.

Ik raad alleszins aan om dergelijke kleine wijzigingen in de tests door te voeren. Soms krijg je verrassende resultaten. Sommige strategieën brengen het er op de markt inderdaad beter af wanneer je ze alleen short of long verhandelt. Long-short tegelijkertijd geeft niet altijd het optimale resultaat.

In bovenstaand voorbeeld opende het systeem op die dag tien long posities. De eerste negen trades bereikten allemaal het koersdoel van 3 tics, vaak zelfs na minder dan vijf minuten. In dit geval bracht de strategie 9 maal 30 euro op, dus 270 euro winst. Het koersdoel wordt voorgesteld als de groene horizontale lijn boven de candle.

Bij de tiende trade werd het koersdoel echter niet behaald. Na enkele uren trad zelfs het stop-loss order in werking (rode horizontale lijn onder de candle, rode pijl). In dit geval genereerde het systeem een verlies van 20 tics of 200 euro. Het bruto resultaat van deze handelsdag was dus:

270 (9 x 30) - 200 (1 x 200) = 70 euro

Afbeelding 3: Prestatiehistogram, Bund future van 10/12/2016 tot 3/1/2017

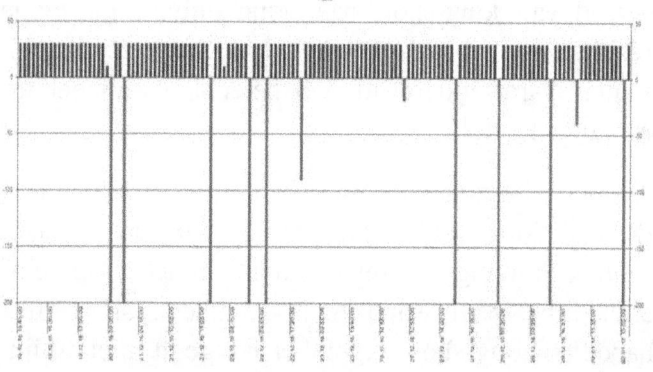

Het prestatiehistogram in afbeelding 2 geeft weer hoe het systeem handelt. De kleine blauwe balken bovenaan vertegenwoordigen de winnende trades, terwijl de rode balken onderaan voor de verliezende trades staan. Zoals verwacht zijn de winnende trades duidelijk in de meerderheid, dankzij het kleine koersdoel. Het koersdoel van 3 tics wordt (bijna) altijd behaald.

In de periode van 10 december 2016 tot 3 januari 2017 werd echter ook negen keer de stop van 20 tics bereikt. Echter waren er ook drie verliezende trades, waarbij dat niet het geval was. Hier werd de positie door het systeem afgesloten voordat de markt de stop had bereikt. Aangezien het ging om een pure intraday handelsstrategie, heb ik een "blok" in het systeem geïmplementeerd. Deze zorgt ervoor dat alle trades om 18u worden afgesloten en dat er geen nieuwe trades meer geopend mogen worden. Deze veiligheidsmaatregel is noodzakelijk om de prestaties te beschermen tegen onnodig verlies omwille van "gaps", dus openingen in de koers.

Als ik kies voor een koersdoel van 3 tics, betekent dit dat ik ook graag wil dat dit doel snel en probleemloos wordt behaald. In bovenstaand voorbeeld is dat negen van de tien keer ook gelukt. Alleen bij de tiende trade moest ik me bij verlies neerleggen. Als de trader de strategie volledig automatisch had verhandeld, was het stop-loss order bij de tiende trade in elk geval in werking getreden.

Als de trader semiautomatisch handelt, had hij natuurlijk het verlies kunnen beperken van zodra duidelijk werd dat de trade niet functioneerde. Hier komt natuurlijk een subjectief component ten tonele. Wanneer de trader "weet" dat de trade "niet functioneert", daar noch het koersdoel noch de stop wordt behaald, ligt natuurlijk in zijn goeddunken (ervaring).

In elk geval mikt de strategie erop het koersdoel snel en zonder complicaties te behalen, wat in de meeste gevallen (meestal 5 tot 10 minuten) ook gebeurt. Als een trade na 30 minuten nog steeds het koersdoel niet heeft bereikt en bijvoorbeeld 5 tics in min staat, dan is het volgens mij een must om als trader na te denken over het beperken van verlies. Als je een verzamelaar bent van de 3 tics in de Bund future, dan heeft het gewoon geen zin om langer dan een uur op een trade te wachten, die gewoon niet functioneert.

Als de trader erin slaagt, dergelijke trades af te sluiten voordat de stop-loss wordt bereikt, kan daardoor zijn totaaluitkomst aanzienlijk stijgen. Af en toe zal het stop-loss order door een snelle beweging in werking gesteld worden. Daar kan je niet onderuit. Maar de resultaten van een goede semiautomatische trader zien er meestal veel beter uit dan de prestaties van volautomatische systemen. Dit systeem handelt natuurlijk consequent verder zonder het marktgebeuren te beschouwen.

Wie niet graag zijn tijd erin steek om zelf te handelen, kan ook terugvallen op nog een ander instrument van het geautomatiseerd risicomanagement: de tijdstop. De tijdstop heeft als voordeel dat na een vooraf ingevoerde periode je trade wordt afgesloten. Bij deze strategie kan dat bijvoorbeeld 30 of 60 minuten zijn. Af en toe zal een tijdstop ook verhinderen dat het koersdoel alsnog wordt behaald. Maar hij zal eerder verhinderen dat de trade de stop bereikt, waardoor je er zeker over kan nadenken om hem in te zetten.

Afbeelding 4: Resultaten backtest Bund future crossing MA juli 2006 - januari 2017

total net profit:	124495.06
total # of trades:	29069
winning trades:	25200
losing trades:	3869
percent profitable:	86.69%
profit factor:	1.20
avg win/avg loss:	0.18
Avg trade (win & loss):	4.28 ◄────
percent in the market:	28.92%
RegCoeff*100/StdDev Equity:	0.0000
gross profit:	756297.06
gross loss:	631802.00
largest winning trade:	250.00
avg winning trade:	30.01
avg # bars in winners:	3.26
largest losing trade:	290.00
avg losing trade:	163.30
avg # bars in losers:	12.09
max consecutive winners:	61
max consecutive losers:	5
Std.Dev. all trades:	69.96
Std.Dev. winning trades:	2.79
Std.Dev. losing trades:	65.78
max # shares/contracts:	1
max drawdown:	5301.66
Commission paid:	0.00
Expectancy:	0.0262
Expectancy Score:	0.0017
Happiness Factor:	25.50
Performance/Drawdown:	23.48
Expectation:	4.28
evaluation start:	18.07.06 Tue 08:00
evaluation stop:	03.01.17 Tue 19:00

Ik heb voor de periode van 18 juli 2006 tot 3 januari 2017 een back test uitgevoerd, waarvan je het resultaat ziet in afbeelding 3. In totaal werd een bruto winst van 124.495,05 euro behaald. In de veronderstelling dat men de volledige periode met slechts 1 contract gehandeld heeft. De handelskosten komen zo dadelijk aan bod.

In deze periode werden in totaal 29.069 trades uitgevoerd. Dat lijkt veel, maar over een handelsperiode van 10 jaar gaat het om zo'n 15 trades per dag. Deze frequentie kan je bij kleine koersdoelen doorgaans verwachten, zodat je ook kan spreken van een scalping systeem.

Daarvan waren tenminste 25.200 trades winstgevend. Dat komt overeen met een slaagkans van 86,89%. Slechts 3869 trades draaiden uit op verlies. Zoals verwacht lag de gemiddelde winst per trade op 30 euro. Dat komt overeen met precies 3 tics winst in de Bund future.

Toch waren er enkele uitzonderingen. De trade met de grootste winst leverde 250 euro op, dus 25 ticks. Dit kan bijvoorbeeld het gevolg zijn van een snelle beweging, waarbij het take profit order aan een veel betere koers werd doorgevoerd dan de trader oorspronkelijk had voorzien. Soms kan slippage (een slechtere of betere uitvoering van een order) ook voordelig zijn voor de trader.

De trade met het grootste verlies stond op 290 euro, dus 9 tics meer dan de ingestelde stop-loss op 20 tics. Slippage kan bij extreme bewegingen ook doorgaans voorkomen op een erg liquide futuresmarkt, zoals de Bund future. Dit gebeurt vooral bij belangrijk economisch nieuws of mededelingen van de centrale bank. Als je er toch voor zou kiezen om je strategie zelf te traden, probeer dan geen posities te hebben in de buurt van dergelijke belangrijke gebeurtenissen.

Het gemiddelde verlies per trade, dat hier op 163,30 lag, is interessant. Doorgaans werd dus niet altijd de koers van de stop-loss bereikt. Dit cijfer is bij deze beschouwing misschien wel het belangrijkst. Als de trader erin slaagt om dit nog meer te reduceren, dan kan de winstgevendheid van de strategie aanzienlijk toenemen. Hij hoeft zich al niet bezig te houden met zijn winsten (in tegenstelling tot de meeste andere strategieën).

Het aantal winstrijen is natuurlijk ook verheugend. Bij deze test kon een indrukwekkend aantal van 61 winnende trades op rij genoteerd worden. Precies dat is de sterkte van dit uitgangspunt. Daartegenover staat het grootste aantal opeenvolgende verliezende trades op slechts 5. Dit kan je overleven, zeker als de trader er ook nog eens in slaagt deze verliezen tot een minimum te beperken.

Zoals eerder vermeld: er bestaat geen systeem zonder draw down fasen. Een draw down geeft het maximaal gecumuleerd verlies binnen een waargenomen periode weer. Het is bijvoorbeeld mogelijk dat een bepaald systeem binnen een jaar 100% winst behaalt. Maar doorgaans kunnen zich in deze periode "schommelingen" voordoen. Het systeem kan bijvoorbeeld in juli en augustus 15% verlies lijden in vergelijking met de stand van juni. In dat geval spreken we van een maximale draw down van 15%. De trader of investeerder kan dan beslissen of hij met een dergelijke tijdelijke verliesperiode van dergelijke grootte kan leven of niet. Als hij het niet kan, moet hij ofwel afzien van het handelssysteem ofwel de risicoparameters wijzigen, zodat de procentuele draw down kleiner uitvalt.

De maximale draw down viel met 5301,66 binnen het waarneembare bereik. In verhouding tot de bruto winst van 124.495 euro is het bijna verwaarloosbaar. Dat betekent dat de trader het geluk had dat de strategie de stand van de rekening bijna constant liet oplopen, zonder noemenswaardige terugvallen.

Tot zover ben ik overtuigd van het resultaat van de back test. Maar als ik dan de winstfactor ga bekijken, stel ik vast dat deze op slechts 1,20 ligt. Wat kan de winstfactor nu vertellen over een handelssysteem? Deze factor geeft aan hoeveel risico we willen nemen om een bepaalde opbrengst te bereiken. Hoe wordt de winstfactor berekend? Heel eenvoudig: Tel alle winsten samen en deel dit totaal door de som van alle verliezen.

Winstfactor = (som van de winsten) / (som van de verliezen)

In onze test betekent dit:

Winstfactor = (756.297,06) / (631.802) = 1,197

Het systeem boekt wel winst (de factor ligt boven 1!), maar om deze winst te behalen, heb je een risico nodig dat hoger ligt dan het gemiddelde. We riskeren namelijk 600.000 euro om slechts 756.297 euro bruto winst te behalen, wat erg veel is.

Natuurlijk heeft deze ongunstige verhouding te maken met het soort handelssysteem dat ik gekozen heb. Handelssystemen gebaseerd op de trendvolgende filosofie behalen meestal hogere winstfactoren. Aangezien ons koersdoel klein is en de stop-loss zo ver mogelijk verwijderd is van de instapprijs, lijkt het alsof we veel op het spel zetten om een kleine winst binnen te halen. Maar dat is nu net de premisse van ons systeem, om de psychologische behoefte van de meeste traders om snelle en kleine winsten te behalen niet in diskrediet te brengen, maar het au sérieux te nemen.

In het trading milieu wordt een winstfactor hoger dan 2 steeds als kenmerk van een "goede trade" gezien. Uiteraard kan je dit alleen maar bereiken met positieve kans-risicoverhoudingen van 1:2 of 1:3. Bovendien moet de trader dan ook nog eens een slaagkans behalen die hoger ligt dan het gemiddelde. Dat dergelijke cijfers in werkelijkheid maar zelden worden behaald, en al zeker niet voortdurend, wordt dan wel verzwegen.

Zolang mijn systeem winstgevend is en ook voortdurend winst oplevert, kan ik als trader leven met een winstfactor van 1,20. Uiteindelijk komt het allemaal neer op wat je zelf van je systeem verwacht.

Wat me veel problematischer lijkt bij de back test is het verwachtingscijfer per trade (expectation) van het systeem. Met 4,28 viel deze echt wel klein uit. Dit cijfer vertelt ons hoeveel winst per trade we op lange termijn (in dit geval over 10 jaar) mogen verwachten. Hoe bereken je het verwachtingscijfer van een systeem?

Verwachtingscijfer: (Slaagkans x gemiddelde winst per trade) - ((1 - slaagkans) x gemiddeld verlies per trade)

Verwachtingscijfer: 0,87 * 30 euro - (1-0,87) * 163 euro = 4,91 euro

Volgens deze berekening kom ik op een winst tussen 4 en 5 euro, die ik met deze strategie op lange termijn mag verwachten. En hier komen dan de handelskosten in het spel. De kosten per roundturn in de futureshandel liggen momenteel bij de meeste makelaars tussen 4 en 5 euro.

Betaal je per roundturn bijvoorbeeld 4,40 euro (2,20 euro per transactie) en moet je daarbij nog een beursbijdrage van $1,17 betalen, dan kleur je met een gemiddelde trade of verwachtingscijfer van 4,91 natuurlijk niet groen. Integendeel: je moet nog bijleggen. Even verduidelijken: hoe veelbelovend ons systeem er ook mocht uitzien, zo nuchter moeten we ook toegeven dat we met dit lage verwachtingscijfer na aftrek van de kosten geen winst kunnen boeken.

Zelfs als je een makelaar vindt, die je zeer gunstige voorwaarden biedt (minder dan $1 per transactie), zal je het moeilijk hebben om met een dergelijk verwachtingscijfer winstgevend te handelen. Daarom is het absoluut noodzakelijk dat we het verwachtingscijfer van ons systeem optrekken. Ofwel moeten we op zoek gaan naar een ander systeem. We willen hier de eerste optie verder onderzoeken, want we hebben ons eenvoudig crossing MA systeem nog niet geoptimaliseerd. Maar voordat we overgaan tot de tweede test, bekijken we eerst nog de kapitaalcurve van de eerste test van ons Bund futures crossing MA systeem.

Afbeelding 5: Bund future crossing MA, equity curve, 2006 - 2017

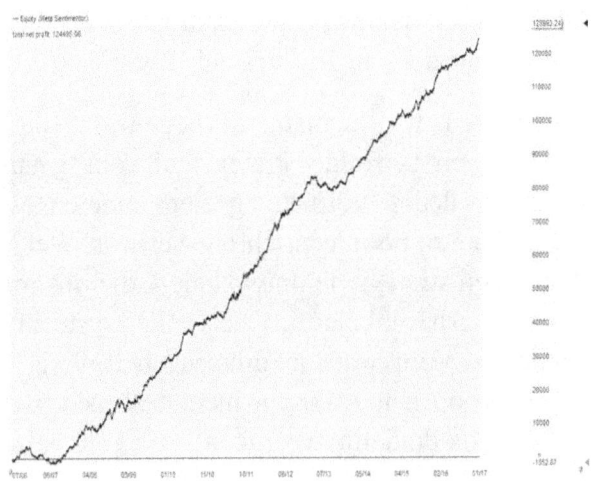

Op het eerste zicht ziet de kapitaalcurve van ons Bund future systeem er zeer goed uit. Er zijn amper noemenswaardige instortingen, en de draw downs hielden zich, zoals eerder vermeld, in toom. Maar aangezien het gaat om een kapitaalcurve die zich spreidt over 10 jaar, moeten we bij nader inzien toch enkele moeilijkheden vaststellen. Zo had het systeem in het begin (onderaan links) meer dan een jaar nodig om in de winst te komen. Al van in het begin vormde zich een flinke draw down, die weliswaar financieel amper noemenswaardige verliezen veroorzaakte, maar wel meer dan 12 jaar aanhield.

Ook in 2013 kon het systeem geen noemenswaardige winsten binnenhalen en bleef steken op 8000 euro. Dit is geen ramp, maar welke trader kan zijn systeem een jaar lang gedisciplineerd verhandelen zonder een cent te verdienen en zonder eens diep te zuchten? Ook hier hebben we dus nood aan een handelssysteem dat ons op jaarbasis minstens een winst belooft, anders kan het gebeuren dat de trader snel het plezier van zijn strategie kwijtraakt.

Toch moeten we hieraan toevoegen dat dergelijke fasen, waarin een bepaalde strategie al eens geen winst behaalt, als volledig normaal gezien moeten worden. Trading is zelden of nooit eenrichtingsverkeer. Wel kunnen we proberen een strategie te ontwikkelen, die ons minstens een winst op jaarbasis belooft. Geen enkel systeem kan je dat garanderen. Voor wat "inkomsten" betreft, is trading echt iets dat je op lange termijn moet bekijken, wat deze kapitaalcurve ook duidelijk weergeeft.

Tweede test: E-mini, crossing moving average strategie

Aangezien ik het gewenste resultaat in de Bund futures niet heb behaald, probeerde ik nu mijn kans te wagen in de E-mini future, de bekende future op de Amerikaanse index SP500.

Afbeelding 6: E-Mini, 5-minutengrafiek

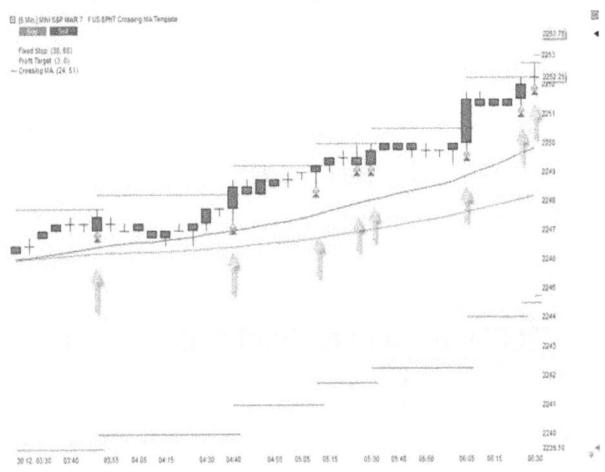

Aan de instellingen van de crossing moving average veranderde ik in eerste instantie niets. De instelling van beide moving averages behield ik op 24,51. Wat het koersdoel betreft, koos ik voor deze test ook voor 3 tics. Enkel bij de stop heb ik iets gewijzigd. Deze stelde ik in op 30 tics, wat in de E-mini meestal een flinke afstand van de huidige markt betekent. Ook hier koos ik weer voor een long-only raming, omdat de SP500 zich ook langdurig in een stijgende trend (stand januari 2017) bevindt. Het leek me gewoon veel waarschijnlijker om het koersdoel sneller te bereiken als ik long ging dan wanneer ik short zou gaan.

Op afbeelding 6 zien we dat het systeem net zo werkt als in de Bund future. Het koersdoel van 3 tics werd bij de eerste acht long trades (groene pijlen) relatief snel bereikt.

De rode horizontale lijn onderaan toont ons dat op deze handelsdag geen van deze trades ook nog maar in de buurt kwam van de stop. Het koersdoel van 3 tics ($37,50 per verhandeld contract) daarentegen werd meestal binnen de 30 minuten behaald.

Afbeelding 7: Prestatiehistogram 10/12/2016 - 30/12/2016

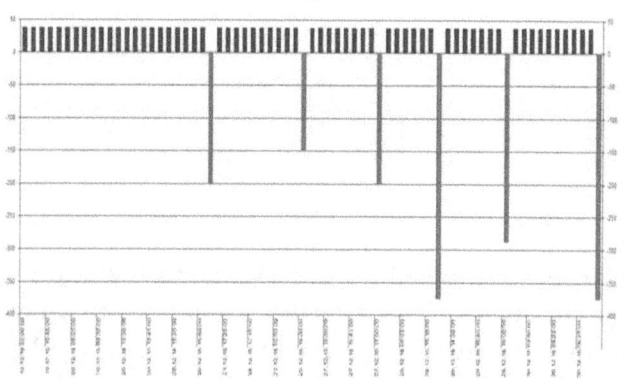

We krijgen een gelijkaardig beeld als bij de Bund future, als we het prestatiehistogram voor een periode van 3 weken bekijken. De meeste trades bereikten het koersdoel en boekten winst (kleine blauwe balken bovenaan). In deze periode waren er toch zes verliezende trades waarvan slechts twee de stop-loss bereikten (dit komt overeen met een verlies van $-375). De vier kleinere verliezende trades werden vroegtijdig door het systeem beëindigd.

Afbeelding 8: Back test E-mini, juli 2011 – December 2016

total net profit:	86662.50
total # of trades:	16412
winning trades:	14776
losing trades:	1636
percent profitable:	90.03%
profit factor:	1.19
avg win/avg loss:	0.13
Avg trade (win & loss):	5.28 ←
percent in the market:	45.77%
RegCoeff*100/StdDev Equity:	0.0000
gross profit:	554337.50
gross loss:	467675.00
largest winning trade:	225.00
avg winning trade:	37.52
avg # bars in winners:	8.45
largest losing trade:	375.00
avg losing trade:	285.86
avg # bars in losers:	31.83
max consecutive winners:	64
max consecutive losers:	4
Std.Dev. all trades:	106.22
Std.Dev. winning trades:	2.96
Std.Dev. losing trades:	137.64
max # shares/contracts:	1
max drawdown:	9062.50
Commission paid:	0.00
Expectancy:	0.0184
Expectancy Score:	0.0008
Happiness Factor:	10.63
Performance/Drawdown:	9.56
Expectation:	5.28
evaluation start:	13.07.11 Wed 00:00
evaluation stop:	30.12.16 Fri 22:55

Ook de back test in de E-mini verliep positief. Aangezien we enkel over gegevens tot juli 2011 beschikten, konden we alleen maar een test voor de voorbije 5 jaar uitvoeren. In elk geval voerde het systeem in deze periode 16.412 trades uit. Daarom beschouw ik deze gegevens als statistisch voldoende significant om ons een duidelijk beeld te kunnen geven over de E-mini.

In totaal behaalde het systeem een winst van $86.662,50. Er waren 14.776 winnende trades en slechts 1636 verliezende trades. Dat komt overeen met een slaagkans van 90,03%. Zoals verwacht lag de gemiddelde winst per trade kort bij het koersdoel, namelijk op $37,50. Het gemiddeld verlies per trade lag met $285,86 aanzienlijk lager dan de stop-loss drempel van $ 375. De grootste verliezende trade was trouwens $375, wat echt in het voordeel van deze markt spreekt. Dat bij de verliezende trades geen enkele keer slippage opdook, wijst op een diepe liquiditeit van deze markt, waardoor de E-mini ook zo populair is onder traders.

In elk geval was ook hier sprake van imposante winstrijen. De langste telde maar liefst 64 winnende trades op rij. De langste verliesrij telde 4 trades. Dit zijn ook erg goede cijfers. De maximale draw down lag met $9063,50 net iets hoger dan bij de Bund future, maar als we terugkijken naar de totale winst, kan je daar goed mee leven.

Maar opnieuw brak ik mijn hoofd over de in de Bund future reeds vernoemde cijfers: de winstfactor en het verwachtingscijfer. Die kwamen hier hetzelfde uit. De winstfactor was met 1,19 ook relatief zwak. Ook het verwachtingscijfer of de gemiddelde winst per trade is met $5,28 (pijl) te laag om echt winstgevend te kunnen handelen.

Ik moet dus wat veranderen aan de parameters als ik het systeem in de E-mini winstgevend wil verhandelen. Eerst bekijken we nog even de kapitaalcurve van deze test.

Afbeelding 9: E-mini equity curve, 2011 – 2016

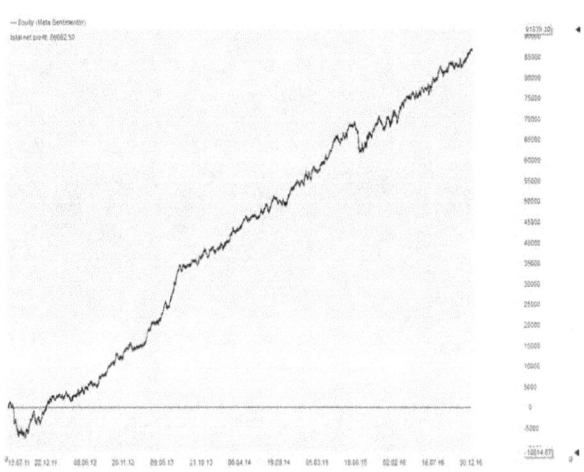

Ook hier loopt de kapitaalcurve doorgaans in de gewenste richting. Zoals reeds vermeld, hielden de draw downs zich in toom. Veel traders willen graag op voorhand tekenen voor een dergelijke kapitaalcurve. Toch begon het systeem midden juli 2011 een draw down op te bouwen (linksonder op de grafiek, de blauwe lijn is de 0-lijn). Het duurde dus enkele maanden voordat het systeem geld begon te verdienen. Dit geeft duidelijk weer, dat drawdowns zich op elk moment kunnen voordoen, ook als je nog maar net gestart bent met handelen. In 2015 was het nog eens zo ver. In elk geval kon de strategie het geleden verlies relatief snel goedmaken. Tot zover alles onder controle.

Derde test: E-mini, crossing MA, aangepaste parameters

Om een beter resultaat te behalen met onze strategie, bestaat er goede handelssoftware, die ons toelaat zogenaamde optimalisaties voor enkele of alle parameters van het systeem door te voeren. Als ik bijvoorbeeld wil weten of ik een beter resultaat zou behalen als ik een wat groter koersdoel kies, kan het systeem een test met dit gewijzigd koersdoel doorvoeren. Het systeem zou bijvoorbeeld kunnen ontdekken dat je betere resultaten behaalt als je een koersdoel van 5 tics in plaats van 3 tics kiest. Hetzelfde geldt natuurlijk ook voor de stop of voor de instellingen van de indicator, die het systeem signalen geeft.

De back test zelf geeft echter geen aanwijzingen met welke parameters ons systeem de meest stabiele resultaten genereert. Als je je gaat bezighouden met het optimaliseren van handelssystemen, ligt steeds het gevaar op de loer om overdreven te gaan optimaliseren, het zogenaamde curvefitting (aanpassen van de parameters aan de records uit het verleden). Een systeem dat sterk "curvefitted" is, lijkt optimaal aangepast te zijn aan de gegevens uit het verleden, maar faalt dan meestal van zodra je het effectief begint te verhandelen.

De eigenlijke vraag luidt echter: waar begint curvefitting? Dit is een thema dat steeds weer ter discussie staat bij systeemontwikkelaars. Er bestaat dan ook geen pasklaar antwoord. Als je een automatisch handelssysteem ziet dat bijna te mooi is om waar te zijn, dan moet je op zijn minst kritisch zijn (vooral als daarvoor veel geld vereist is!)

Helaas hebben veel traders moeten ervaren, een zogenaamde black box gekocht te hebben, die hen de hemel op aarde beloofde. Ze moesten al snel vaststellen, dat het systeem niet de beloofde opbrengsten behaalde, zoals aangegeven op de verpakking.

Aangezien het in dit boek niet mijn bedoeling is om de lezer de zuiver automatische handel aan te bevelen, ga ik op deze vraag ook niet verder in. Voor mij was het belangrijk dat ik kon testen of ik het systeem dat zonder optimalisatie al een positief resultaat toonde, door kleine optimalisaties nog kon verbeteren.

Zoals al meermaals aangehaald, ligt <u>de doorslaggevende optimalisatie in de capaciteit van de trader om verlieslatende trades tijdig te herkennen en te beperken.</u> Als de trader erin slaagt om bijvoorbeeld 30% van deze trades eerder af te sluiten, dan zal hij het gewenste resultaat behalen.

Bij een nieuwe test van het crossing MA systeem in de E-mini future heb ik twee parameters gewijzigd. Ik heb het koersdoel van de long posities van 3 naar 2 tics teruggebracht. De tegenhangers van een dergelijke beslissing kunnen argumenteren dat dit een extreem klein koersdoel is, dat niet meer in een redelijke verhouding staat tot de handelskosten. Deze bedenking wil ik met een nuchtere kijk op de gegevens weerleggen. De stop daarentegen heb ik op een onbereikbare afstand van het marktgebeuren geplaatst, namelijk op 100 tics afstand van de instap. Ook dit is een radicale beslissing die je doorgaans kan bekritiseren. Wie maar 2 tics winst wil en daarvoor 100 tics riskeert, werkt natuurlijk met een extreem negatieve kans-risicoverhouding. Deze beslissing is dus precies het tegenovergestelde van hetgeen over het algemeen wordt aangeraden.

Deze laatste beslissing heeft natuurlijk verregaande gevolgen. Langs de ene kant hoop ik daarmee dat de stop maar zeer zelden behaald wordt. Als de stop in werking wordt gesteld, veroorzaakt dit natuurlijk onmiddellijk een flink verlies, namelijk $1237,50 per contract, wat uiteraard telkens een grote streep door de kapitaalcurve is. Langs de andere kant klinkt de eigenlijke vraag: hoe vaak doet een dergelijke gebeurtenis zich voor en wat betekent dit voor de groei van mijn equity curve?

De enige optimalisatie die ik dan werkelijk door het systeem heb laten uitvoeren, had te maken met de parameters van de crossing moving averages. Tot hier toe maakte ik gebruik van de instelling 24,51. Na een test bleek echter dat de instelling 42,92 betere resultaten oplevert.

Afbeelding 10: E-Mini, 5-minutengrafiek

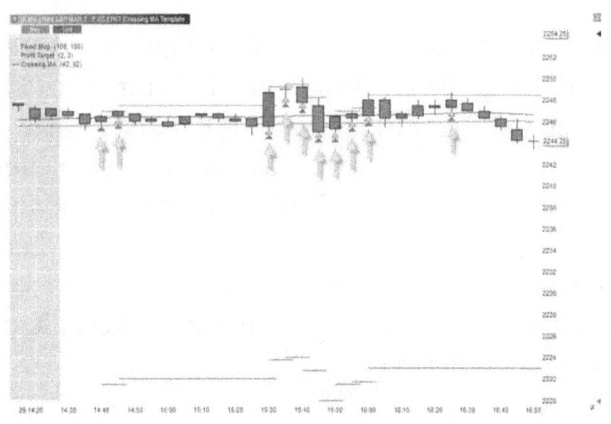

Hier zien we het geoptimaliseerde systeem aan het werk. De rode horizontale lijnen onderaan zijn de momenteel wachtende stop-loss orders, die op een veilige afstand van het koersgebeuren liggen. Op de dag dat ik dit screenshot gemaakt web, werd geen van deze orders in werking gesteld. In totaal werden tien long posities geopend (groene pijlen), waarvan de eerste negen het koersdoel behaalden. De tiende long positie werd door het systeem op het einde van de handelsdag (22u) met een verlies van 23 tics of $287,50 afgesloten.

Een dergelijk groot verlies was volgens mij niet nodig geweest. De positie stond anderhalf uur open, wat in deze strategie gewoon veel te lang is. Een trader had deze positie vroeger kunnen sluiten en het verlies kunnen beperken. Dit zal niet altijd lukken, maar soms toch wel. We bekijken de verhouding tussen winnende en verliezende trades op het prestatiehistogram.

Afbeelding 11: E-mini, prestatiehistogram 10 december 2016 - 4 januari 2017

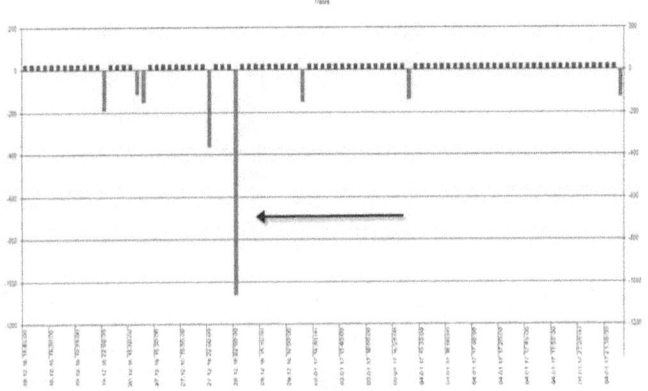

Het prestatiehistogram van 10 december tot 4 januari 2017 toont ons de aangehaalde problematiek. De meeste trades gaan zoals verwacht in de winst (blauwe balken bovenaan). Daar hoeft de trader zich niet mee bezig te houden. Wat hij nu precies kan, zie je in zijn beheer van de verliezende trades. Daarom bekijken we het grote verlies ($1062,50, pijl) van 28 december 2016 wat meer in detail.

Afbeelding 12: Verliezende trade van 28 december 2016

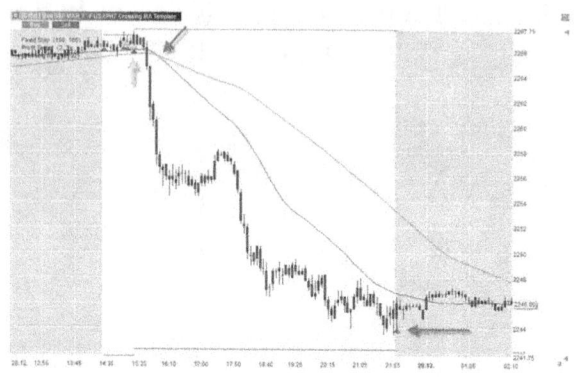

Zoals je duidelijk ziet op de grafiek, werd de long positie op 28 december in de vroege namiddag geopend (groene pijl links bovenaan). Op dat moment bewoog de markt nog zijwaarts en een aantal voorafgaande long trades werden reeds succesvol afgesloten. Bij deze trade lijkt het me doorslaggevend dat de markt 15 minuten na het openen van de long positie plots naar beneden uitbrak (rode candles op de grafiek na de entry). Bovendien wijzigde de crossing MA indicator van long naar short. Uiterlijk op dit moment had de trader moeten ingrijpen en de positie sluiten. Dan had hij het ervan afgebracht met een verlies van $200-300 in plaats van $1062,50.

Aangezien een volautomatisch systeem een dergelijke situatie niet kan inschatten, hield het de positie open tot de sluiting van de handel. Ze wordt dan afgesloten met veel verlies (op de low van de dag en maar net boven het stoploss order).

Ten eerste gaat het totaal in tegen de filosofie van deze strategie om een positie meerdere uren open te houden, vooral omdat het koersdoel heel erg klein is. Ten tweede zou je spreken van een slecht risicomanagement als een trader hier niet zou ingrijpen. Hij MOET een dergelijke positie vroeger sluiten, om de schade te beperken. Kan hij dat niet, dan is het inderdaad beter om volautomatisch te handelen en de computer te laten beslissen hoe wordt gehandeld.

De reden waarom je zelf (semiautomatisch) handelt, kan alleen maar zijn dat een trader betere resultaten kan behalen dan een volautomatisch systeem. Dit voorbeeld toont duidelijk dat dit heel goed mogelijk is. Zelfs als de schade tot de helft beperkt was (verlies van $500), zou het eindresultaat van het systeem al aanzienlijk beter zijn. En daar gaat het om.

Afbeelding 13: E-mini, tweede backtest 2011 - 2017

total net profit:	157250.00
total # of trades:	17144
winning trades:	16309
losing trades:	835
percent profitable:	95.13%
profit factor:	1.62
avg win/avg loss:	0.08
Avg trade (win & loss):	9.17
percent in the market:	17.56%
RegCoeff*100/StdDev Equity:	0.0000
gross profit:	412362.50
gross loss:	255112.50
largest winning trade:	1225.00
avg winning trade:	25.28
avg # bars in winners:	2.56
largest losing trade:	1337.50
avg losing trade:	305.52
avg # bars in losers:	31.33
max consecutive winners:	129
max consecutive losers:	3
Std.Dev. all trades:	103.35
Std.Dev. winning trades:	11.21
Std.Dev. losing trades:	335.91
max # shares/contracts:	1
max drawdown:	5700.00
Commission paid:	0.00
Expectancy:	0.0298
Expectancy Score:	0.0013
Happiness Factor:	30.76
Performance/Drawdown:	27.59
Expectation:	9.17
evaluation start:	18.07.11 Mon 00:00
evaluation stop:	05.01.17 Thu 12:25

Bij de tweede back test met gewijzigde parameters voerde het systeem in totaal 17.144 trades uit. Daarvan waren er 16.309 winstgevend, wat een slaagkans belooft van 95,13%. De bruto winst lag op $157.250,00. De gemiddelde winst per trade lag zoals verwacht op $25,28. Dit is net iets hoger dan het koersdoel van $25, waaruit we wat slippage in het voordeel van de trader kunnen concluderen. Het gemiddeld verlies per trade lag met $205,52 net iets hoger dan bij de eerste test. De langste winstrij telde maar liefst 129 winnende trades op rij. De langste verliesrij daarentegen telde slechts 3 trades.

De maximale draw down viel met $5700 binnen het verantwoorde bereik. De test gaf ook een verheugend beter resultaat voor de winstfactor. Met 1,62 is dit systeem duidelijk minder riskant dan het vorige. Maar het lijkt tegenstrijdig: 100 tics riskeren om er slechts 2 te winnen. Toch bevestigt de test met dit uitgangspunt een kleiner risico. Hier wordt duidelijk mijn vermoeden bevestigd, dat je de stop zo ver mogelijk van het marktgebeuren moet plaatsen om winstgeven te kunnen handelen. Ook dit is een uitspraak die geheel in strijd ligt met wat over het algemeen wordt aangeraden in de trading literatuur.

Uiteindelijk behaalde het systeem ook een bevredigend resultaat voor wat betreft de gemiddelde winst. Het verwachtingscijfer lag met $9,17 duidelijk boven het resultaat van de eerste test. Als we het kleine koersdoel van 2 tics in aanmerking nemen, wat een maximale winst van $25 bij de winstgevende trades belooft, is dit een goed resultaat, wat ook na aftrek van kosten doorgaans winstgevend verhandeld kan worden.

Een cijfer dat ik tot nu toe nog niet heb aangehaald is de zogenaamde "average bars in winners". Dit is het aantal 5-minutencandles dat de winnende trades gemiddeld nodig hebben om het koersdoel te kunnen bereiken. Bij de winnende trades ligt dit zoals verwacht laag, namelijk 2,56 candles. Dat betekent dat de winnende trades er gemiddeld 13 minuten over doen om hun doel te bereiken. Natuurlijk ziet dit getal er bij de verliezende trades totaal anders uit. Verliezende trades werden gemiddeld na 31,33 candles afgesloten. Dat komt overeen met een 2,5 uur, wat voor de semiautomatische handel veel te lang is. Deze gegevens tonen ook dat de resultaten duidelijk beter konden als de trader erin zou slagen om hier sneller in te grijpen.

Voor wat betreft het money management moet natuurlijk elke trader op basis van zijn kapitaaldekking bepalen hoeveel contracten hij met een dergelijke strategie kan verhandelen. Als hij af en toe te maken krijgt met verliezen van meer dan $1000, heeft hij zeker het vijfvoudige bedrag nodig om dit op een verantwoordelijke manier te doen. Als de trader er echter in slaagt om de verliezende trades aanzienlijk te reduceren, dan kan hij ook met kleinere bedragen handelen. Om de mogelijke draw downs beter te kunnen inschatten, werpen we een blik op de kapitaalcurve voor deze periode.

Afbeelding 14: E-mini, tweede back test, equity curve
2011 – 2017

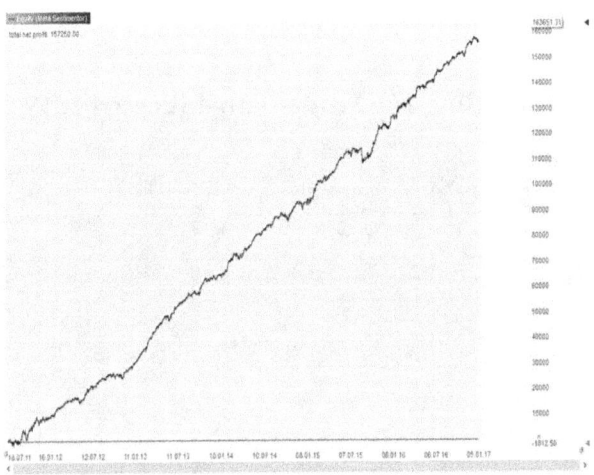

De equity curve heeft nu een verloop naar wens. De draw downs zijn klein en worden snel goedgemaakt. De kleine "knak" in augustus 2015 heb ik ook wat nader bekeken. Hier werd inderdaad verschillende keren op rij de stop behaald, wat leidde tot een verlies van meerdere duizenden dollars. Als we deze periode op de grafiek wat meer in detail bekijken (tussen 24 en 28 augustus 2015), dan komt dit overeen met de periode dat een kleine crash op de Amerikaanse indexen plaatsvond. Ik hoop dat het helemaal duidelijk is dat een verantwoordelijke trader in dergelijke omstandigheden niet vijf keer na elkaar aan een long positie had vastgehouden.

Wie nog niet echt kan geloven dat je een handelssysteem kan ontwikkelen met een slaagkans van 95% dat op lange termijn winstgevend is, die mag eens een blik werpen op de trades van 4 januari 2017.

Afbeelding 15: Trades van 4 januari 2017

04.01.17 Wed 01:59	Long	1	2253.25	0.00	
04.01.17 Wed 02:09	close Long (Profit Target 2253.75)	1	2253.75	0.00	25.00	168212.50
04.01.17 Wed 02:09	Long	1	2253.75	0.00	
04.01.17 Wed 02:29	close Long (Profit Target 2254.25)	1	2254.25	0.00	25.00	168237.50
04.01.17 Wed 02:29	Long	1	2254.50	0.00	
04.01.17 Wed 04:44	close Long (Profit Target 2255.00)	1	2255.00	0.00	25.00	168262.50
04.01.17 Wed 04:44	Long	1	2255.25	0.00	
04.01.17 Wed 05:59	close Long (Profit Target 2255.75)	1	2255.75	0.00	25.00	168287.50
04.01.17 Wed 05:59	Long	1	2255.75	0.00	
04.01.17 Wed 10:49	close Long (Profit Target 2256.25)	1	2256.25	0.00	25.00	168312.50
04.01.17 Wed 10:49	Long	1	2255.75	0.00	
04.01.17 Wed 10:54	close Long (Profit Target 2256.25)	1	2256.25	0.00	25.00	168337.50
04.01.17 Wed 10:54	Long	1	2256.25	0.00	
04.01.17 Wed 10:59	close Long (Profit Target 2256.75)	1	2256.75	0.00	25.00	168362.50
04.01.17 Wed 10:59	Long	1	2255.75	0.00	
04.01.17 Wed 11:04	close Long (Profit Target 2256.25)	1	2256.25	0.00	25.00	168387.50
04.01.17 Wed 11:04	Long	1	2256.75	0.00	
04.01.17 Wed 13:59	close Long (Profit Target 2257.25)	1	2257.25	0.00	25.00	168412.50
04.01.17 Wed 13:59	Long	1	2257.25	0.00	
04.01.17 Wed 14:04	close Long (Profit Target 2257.75)	1	2257.75	0.00	25.00	168437.50
04.01.17 Wed 14:04	Long	1	2257.75	0.00	
04.01.17 Wed 14:19	close Long (Profit Target 2258.25)	1	2258.25	0.00	25.00	168462.50
04.01.17 Wed 14:19	Long	1	2258.00	0.00	
04.01.17 Wed 14:29	close Long (Profit Target 2258.50)	1	2258.50	0.00	25.00	168487.50
04.01.17 Wed 14:29	Long	1	2258.00	0.00	
04.01.17 Wed 15:34	close Long (Profit Target 2258.50)	1	2258.50	0.00	25.00	168512.50
04.01.17 Wed 15:34	Long	1	2261.50	0.00	
04.01.17 Wed 15:39	close Long (Profit Target 2262.00)	1	2262.00	0.00	25.00	168537.50
04.01.17 Wed 15:39	Long	1	2259.50	0.00	
04.01.17 Wed 15:44	close Long (Profit Target 2260.00)	1	2260.00	0.00	25.00	168562.50
04.01.17 Wed 15:44	Long	1	2259.50	0.00	
04.01.17 Wed 15:49	close Long (Profit Target 2260.00)	1	2260.00	0.00	25.00	168587.50
04.01.17 Wed 15:49	Long	1	2260.25	0.00	
04.01.17 Wed 15:54	close Long (Profit Target 2260.75)	1	2260.75	0.00	25.00	168612.50
04.01.17 Wed 15:54	Long	1	2261.50	0.00	
04.01.17 Wed 16:04	close Long (Profit Target 2262.00)	1	2262.00	0.00	25.00	168637.50
04.01.17 Wed 16:04	Long	1	2262.00	0.00	
04.01.17 Wed 16:09	close Long (Profit Target 2262.50)	1	2262.50	0.00	25.00	168662.50

Deze afbeelding geeft de voordelen van dit handelssysteem weer. Het wint bijna altijd met het grootste gemak. Dit gebeurt bovendien zonder toedoen van de trader.

Een dergelijk systeem houdt zich precies aan hetgeen ik bedoel, wanneer ik zeg dat de trader maar voor een reden actief moet zijn op de beurs: in zo weinig mogelijk tijd zoveel mogelijk tics, pips of punten verzamelen. Als een trader de moeite neemt om zich naar een dergelijk aparte locatie te begeven, dan is dat enkel omdat hij geld wil verdienen: permanent, continu en constant.

Het gaat er niet om dat hij zijn tijd besteedt aan eindeloze analyses. Dit gaat alleen zijn intellectuele nieuwsgierigheid bevredigen. Meestal kan hij hiermee niet zijn zakken vullen. Ik weet dat traders met goede bedoelingen of handelscoachen beweren dat je discipline moet hebben of dat je je moet bezighouden met trades met een hoge kans-risicoverhouding. Daartegenover staan echter gegronde wetenschappelijke onderzoeken, dat mensen slechts over een beperkte hoeveelheid aan wilskracht (discipline) beschikken. Wanneer we deze beperkte hoeveelheid hebben opgebruikt, laten we ons maar al te graag afleiden en doen we niet wat deze coachen van ons verlangen. Je kan het vergelijken met een spier, die steeds meer van zijn kracht verliest wanneer je al enkele minuten getraind hebt.

Als traders al hun kracht en concentratie gebruiken bij de jacht op rendement, dan blijft er niet meer veel over voor de controle van de verliesposten. Als je het behalen van winst volledig overlaat aan het semiautomatisch systeem, dan kan je je daarentegen volledig concentreren op het beheer van de weinige verliezende trades. En dat is nu net waar het in mijn ogen bij trading altijd om draait.

Besluit

Ik heb de hier voorgestelde strategie niet bekendgemaakt met de bedoeling dat de trader deze overneemt en verhandelt. Je kan ze verhandelen, volledig automatisch of semiautomatisch. Bovendien geven back tests nooit de garantie dat resultaten die in het verleden werden behaald, ook in de toekomst behaald kunnen worden.

Elke trader die strategieën test, moet zich hier steeds van bewust zijn: een test is een test. Niet meer maar ook niet minder. Ook als de resultaten van de hier voorgestelde strategie er "goed" uitzien, betekent dit nog lang niet dat elke trader hetzelfde rendement kan behalen. Markten veranderen voortdurend, en ook de leercurve van een trader speelt een belangrijke rol bij het al of niet winstgevend kunnen verhandelen van een bepaalde strategie.

Mij ging het er in dit boek vooral om bepaalde grondregels uit de trading literatuur in vraag te stellen. Ik ben me ervan bewust dat het op die manier in vraag stellen van schijnbaar vaststaande inzichten niet altijd goed onthaald wordt en doorgaans kritiek teweeg kan brengen. Dan heb ik net mijn doel bereikt. Wat is er beter dan een dynamische trandingwereld waarin men bereid is te allen tijde zelf dingen in vraag te stellen en nieuwe trading horizonten af te tasten?

Ik wens je veel geluk met je beurshandel.

Heikin Ashi Trader

Je kan de auteur bereiken via volgend e-mailadres: pdevaere@yahoo.de

Glossarium

Aandelenindex: Cijfer voor de koersontwikkeling van de aandelenmarkt in zijn geheel of afzonderlijke aandelengroepen (bijvoorbeeld DAX)

Geautomatiseerde of algoritmische handel: Het automatisch verhandelen van waardepapieren door computerprogramma's.

Back test: Het proces om een strategie te evalueren door deze toe te passen op gegevens uit het verleden

Black box systeem: Computerprogramma's die waardepapieren automatisch verhandelen, waarvan de gebruiker de parameters noch moet zien noch moet kennen om het systeem te kunnen gebruiken

Break-even: Engels voor winstdrempel

Broker (Engels voor beursmakelaar): Financieel bediende bevoegd voor verrichtingen van waardepapieren van beleggers

Bund future: Termijncontract dat betrekking heeft op een actieve, lange-termijn staatslening met een coupon van 6 procent en een looptijd van 10 jaar

candlestick: Voorstelling van een koerswijziging op basis van een Japanse analysetechniek

Kans-risicoverhouding (KRV): De KRV doet dienst als indicator voor de zinvolheid van een belegging. Ze wordt berekend door de verwachte opbrengst te delen door het grootst mogelijke verlies (stop-loss)

Crossing moving average: Strategie gebaseerd op de kruising van twee standaard indicatoren (voortschrijdende gemiddelden)

Curve fitting: Aanpassen van parameters aan het record uit het verleden

DAX: Duitse Aandelenindex

Daytrading: Daytrading is de speculatieve handel op korte termijn met waardepapieren. Hierbij worden posities binnen dezelfde handelsdag geopend en weer gesloten, met als doel voordeel te halen uit kleine koersschommelingen

Discretionaire trading: Trading uitgangspunt gebaseerd op subjectieve analyseprocessen van een trader

Draw down: Verliezen die kunnen ontstaan binnen een bepaalde periode uitgaande van de hoogste stand

E-mini future: Future contract op de Amerikaanse index SP500

Entrystrategie: Een strategie die het instappen in de markt bepaalt

Equity curve: prestatiecurve

Verwachtingscijfer: Cijfer dat het gemiddelde vormt van de opbrengst bij een onbeperkte herhaling van het aan de grondslag liggende experiment

Eurostoxx50 future: Future op de aandelenindex die 50 grote beursgenoteerde ondernemingen van de Eurozone omvat

Exit strategie: Een strategie die het uitstappen uit de markt bepaalt

Forex: Forex Exchange Market, internationale deviezenmarkt

Voortzettingsformatie: Pauze in de hoofdtrend, waarbij aan het einde de voorgaande richting weer wordt opgenomen

Futures: termijncontract - Gestandaardiseerd contract over de koop of verkoop van een bepaalde hoeveelheid van een goed, aan een vastgelegde prijs, op een bepaalde datum

Gap: Opening in de koers tussen twee handelsdagen

Heikin Ashi grafiek: Japans: "Op een voet balanceren". Japanse weergave van koersveranderingen

Indicator: Cijfer van de technische analyse voor het bepalen van het koersverloop van waardepapieren

Commissies: Kosten die ontstaan bij aan- en verkoop van waardepapieren of termijncontracten

Koersdoel: Beurskoers die een waardepapier moet bereiken op basis van een analyse

Leercurve: Geeft in de trading de succesgraad van het leren weer in de loop van de tijd

Liquiditeit: Geeft in de beurshandel weer in welke mate een waardepapier te allen tijde gekocht of verkocht kan worden

Long: Long gaan betekent dat je bestanden van waardepapieren koopt en dus in je bezit krijgt

Long only: Parameterinstelling die in het systeem enkel long posities opent

Long/short: Parameterinstelling die in het systeem zowel long als short posities opent

Mean reversion: De neiging van de beurskoers om na een extreme positie weer terug te keren naar zijn gemiddelde waarde

Money management: Onder money management verstaat men een waardebeveiligingsstrategie die erop doelt het risico van een portfolio van waardepapieren aan te sturen door het vastleggen van de grootte van afzonderlijke handelsposities.

Moving average: voortschrijdend gemiddelde, indicator

Optimalisatie: Handelswijze in de toegepaste wiskunde, die probeert de meest optimale parameters te vinden voor de meest complexe systemen.

Prestatiehistogram: Prestatiemeting voor een bepaalde handelsperiode

Pip: Engels : Percentage in point, kleinste wijziging in de prijs in deviezenhandel

Winstfactor: Factor die de brutowinst deelt door het bruto verlies

Range: Koersbereik waarbinnen een waarde in een fase (een dag, een week, meerdere maanden) wordt verhandeld

Retracement: Een tijdelijke omkeer die tegen de overheersende trend in gaat

Risicomanagement: Omvat alle maatregelen voor het systematisch beslissen, analyseren, beoordelen, observeren en controleren van de risico's

Roundturn: Afgesloten transactie waarbij een waardepapier werd aangekocht en weer verkocht

Scalping: Handelstechniek waarbij de trader probeert minimale bewegingen op de markt te verhandelen

semiautomatisch handelen: Tradinguitgangspunt waarbij de trader handelsbeslissingen gedeeltelijk overlaat aan een geautomatiseerd systeem en gedeeltelijk zelf uitvoert

Short positie: Een trader gaat short wanneer hij een positie verkoopt zonder deze te bezitten (leegverkoop)

Slippage: Het verschil tussen de geschatte en daadwerkelijke prijs bij aankoop van waardepapieren

S&P 500 (Standard & Poor's 500): Aandelenindex die de aandelen van 500 van de grootste beursgenoteerde Amerikaanse ondernemingen omvat

Stop-loss order: Verkoopopdracht die best wordt uitgevoerd van zodra een bepaalde koers wordt bereikt

Take profit order: Geautomatiseerd beursorder dat wordt uitgevoerd van zodra een vooraf bepaald koesdoel is bereikt

Tic: Kleinste prijswijziging op een future markt

Trailingstop: Automatisch aangedraaid stop-loss order

Slaagkans: De slaagkans geeft de verhouding weer tussen winnende en verliezende trades

Trendfollowing: Handelsstrategie die inzet op het volgen van een geïdentificeerde trend

USD/JPY: valutaverhouding tussen de US Dollar en de Japanse Yen

Volatiliteit: Standaardafwijking. Geeft aan hoe sterk een koers schommelt

Tijdstop: Dit order sluit een positie automatisch af na een vooraf vastgelegd aantal perioden

Andere boeken van Heikin Ashi Trader

Hoe begin ik met 500 euro een trading-business?

Veel traders hebben in het begin maar weinig geld beschikbaar voor het traden. Maar dit hoeft geen obstakel te zijn om toch een trader-carrière in overweging te nemen. Het gaat er in dit boek niet om hoe je van 500 euro 500.000 euro kunt maken. Het zijn juist de overdreven rendementsverwachtingen die de meeste beginners ontsporen.

In plaats daarvan laat de auteur op een realistische manier zien hoe je met een klein startkapitaal een fulltime trader kunt worden. En dit geldt zowel voor traders die particulier willen blijven als degenen die uiteindelijk met geld van cliënten willen handelen.

Dit boek toont stap voor stap hoe je dat moet doen. Bovendien is er voor elke stap een concreet actieplan. Iedereen kan in principe trader worden, als hij bereid is om te leren hoe deze business echt werkt.

Inhoudsopgave

1. Hoe kan ik met 500 euro trader worden?
2. Hoe krijg je een goede routine in trading?
3. Een gedisciplineerd trader worden!
4. Het sprookje van de samengestelde rente
5. Hoe trade je een 500-euro-rekening?
6. Social Trading
7. Met een broker praten
8. Hoe word je een professionele trader?
9. Traden voor een hedgefonds?
10. Leer netwerken!
11. In 7 stappen naar een professionele trader
12. 500 euro is veel geld.

Hoe scalp ik de Mini-DAX-Future?

Dankzij de introductie van de Mini-DAX-Future (symbool FDXM) hebben particuliere beleggers met kleinere accounts nu ook de mogelijkheid om de Duitse DAX-index tegen professionele condities te scalpen. In tegenstelling tot de meeste andere alternatieven zijn futures de meest transparante en effectieve instrumenten om op de financiële markten geld te verdienen.

Scalpers hebben oneindig veel meer opportuniteiten om te traden dan positie-traders of daghandelaren. Hier ligt de werkelijke kracht van deze trading-stijl. Een scalper kan zijn kapitaal veel effectiever beheren dan alle andere marktdeelnemers en haalt aldus een veel hoger rendement.

De Heiken Ashi Trader toont in dit boek hoe u deze nieuwe future op de DAX succesvol kunt scalpen. U leert hoe u de markt binnenstapt, hoe u uw posities moeten beheren en op welk punt u er weer uit moet. Daarnaast bevat het boek een schat aan tips en tools om de eigen handel nog efficiënter en nauwkeuriger te maken.

Inhoud

1. De EUREX introduceert de Mini-DAX Future

2. Voordelen van de handel in futures

3. De heikin-ashi-grafiek

4. Wat is scalping?

5. Wat is het voordeel van een scalper?

6. Basis-setup van de heikin ashi scalping-methode

7. entry-strategieën

8. Zijn re-entries nuttig?

9. Exit-strategieen

10. Zijn meerdere koersdoelen nuttig?

11. Wanneer u de Mini-DAX moet scalpen (en wanneer niet)

12 Handige tools voor scalpers

A. Orders plaatsen

B. openen en sluiten van orders

C. Het beheer van openstaande orders

D. De trailing stop als hulpmiddel voor winstmaximalisatie

13. Verschillende stop-soorten

A. De vaste stop

B. De trailing stop

C. De lineare stop

D. De tijdstop

E. De parabolische stop

F. Stop orders koppelen

G. multiple stops en multiple targets

15. Geld wordt op de beurs met exit-strategieën verdiend!

16. Verdere ontwikkeling van de marktanalyse

   A. Key Price Levels

   B. LiveStatistics

Slotwoord

Verklarende woordenlijst

Meer boeken van Heiken Ashi Trader

Over de auteur

Colofon

Over de auteur

Heikin Ashi Trader wordt wereldwijd gezien als de specialist in scalping met de Heikin Ashi grafiek. Hij handelt al 19 jaar op deze manier. Hij werkte voor een hedgefonds en ging daarna op eigen houtje Zijn scalpingboek "Scalpen is leuk!" is een internationale bestseller en werd meer dan 30.000 keer verkocht. Meer informatie over zijn scalpingmethode vindt u op zijn website: www.heikinashitrader.net.

Colofon

Tekst: © Copyright by Heikin Ashi Trader

DAO Press, LLC
Rua Correia Teles, 28 A
1350-100 - Lisbon
Portugal

Alle rechten voorbehouden

Niets uit deze uitgave mag worden verveelvoudigd, opgeslagen in een geautomatiseerd gegevensbestand, of openbaar gemaakt, in enige vorm of op enige wijze, hetzij elektronisch, mechanisch, door fotokopieën, opnamen, of enige andere manier, zonder voorafgaande schriftelijke toestemming van de uitgever. Ondanks alle aan de samenstelling van dit boek bestede zorg kan noch de uitgever noch de auteur aansprakelijk worden gesteld voor eventuele schade die het gevolg is van enige fout in deze uitgave.

Eerste oplage 2018